JN088959

ながめて覚える英単語1200

著 甲斐ナオミ

かんき出版

はじめに

英単語の学習において重要なのは、その単語がイメージできること、楽しく覚えられること、そして繰り返し触れることです。

この3点を取り入れたのが本書です。私自身も、娘に英単語を覚えさせる際にイラストを使っています。私が28歳までカナダで過ごしたネイティブスピーカーであることもあり、娘は小さいころから私の英語を聞いて育ったため、彼女はイラストなど関係なく英単語が頭に入りやすいのかなと考えたこともありました。しかし、イラストありとなしで英単語を覚える速さを比べてみたところ、イラストありのほうが3倍も速かったのです。今では他の生徒さんに教えるときにも、イラストは欠かせません。

本書に掲載する英単語は、内容が散漫にならないよう英検5、4、3級（中学校レベル）の重要単語の中から、なんとなく意味がわかるカタカナ英語や実際の会話にはあまり出てこなさそうなものをカットし、さらにそれ以外の日常会話で使う最低限の単語を追加し、1200語にまとめました。

さらに、すべての単語にイラストを描きおろしました。例文と一緒に見る1コマ漫画は、英語に慣れていない方でもながめてなんとなく理解できることでしょう。また、ネイティブの私が考える、実際の発音に近い読み方もカタカナで併記したので、よかったら声に出してみてくださいね。

ラクに、そして楽しみながら英単語を覚えられそう！　と一人でも多くの方に思っていただけたら、私にとってこれ以上の喜びはありません。

2021年秋　甲斐ナオミ

CONTENTS

■装丁：西垂水敦・市川さつき（krran）
■本文デザイン：船津朝子
■DTP：野中賢・安田浩也（システムタンク）
■イラスト：甲斐ナオミ

STEP1

中学1～2年生レベル（英検5・4級）の単語

0001～0260

□ 0001

do

【dúː】ドゥー

動 ～をする

Do your homework!

宿題をしなさい！

□ 0002

like

【láɪk】ライク

動 ～を好む、～が好きである

I **like** natto.

私は納豆が好きです。

□ 0003

have

【hǽv】ハーヴ

動 ～を持っている

I **have** a pen. I have an apple...

ぼくはペンを持っている。ぼくはりんごを持っている……。

□ 0004

go

【góʊ】ゴーゥ

動 ～へ行く

They **go** to the park.
彼らは公園へ行きます。

□ 0005

play

【pléɪ】プレーィ

動 遊ぶ、～で遊ぶ

He **plays** soccer.
彼はサッカーをします。

□ 0006

watch

【wátʃ】ゥワーッチュ

動 ～をじっと見る、～を注意して見る

She **watches** a sad movie.
彼女は悲しい映画を見ます。

□ 0007

want

【wánt】ウワーントゥ

動 欲する、～がほしい、～を望む

I **want** a dinosaur for Christmas.
クリスマスには恐竜がほしいです。

□ 0008

eat

【íːt】イートゥ

動 ～を食べる

She **eats** bananas.
彼女はバナナを食べます。

□ 0009

cook

【kύk】クック

動 ～を料理する

He **cooks** spaghetti.
彼はスパゲッティを料理します。

□ 0010

read

【ríːd】ゥリードゥ

動 ～を読む

I **read** a history book.
ぼくは歴史の本を読みます。

□ 0011

buy

【báɪ】バーィ

動 ～を買う

He **buys** flowers.
彼はお花を買います。

□ 0012

come

【kʌ́m】カンム

動 来る

Come here!
こっちおいで！

☐ 0013

open

【óʊp(ə)n】**オ**ゥプン

動 ～を開ける

She **opens** the box.
彼女は箱を開けます。

☐ 0014

make

【méɪk】**メ**ーィク

動 ～を作る

She **makes** cookies.
彼女はクッキーを作ります。

☐ 0015

live

【lív】**リ**ヴ

動 住む

Koalas **live** in Australia.
コアラはオーストラリアに住んでいます。

□ 0016

wash

【wάʃ】ゥワーシュ

動 ～を洗う

She **washes** stinky shoes.
彼女は臭いくつを洗います。

□ 0017

swim

【swím】スインム

動 泳ぐ

He **swims** with a shark.
彼はサメと泳ぎます。

□ 0018

use

【júːz】ユーズ

動 ～を使う、利用する

People **use** telephones.
人間は電話を使うんだよ。

□ 0019

write

【ráɪt】ゥライトゥ

動 書く

He **writes** a love letter.
彼はラブレターを書きます。

□ 0020

speak

【spíːk】スピーク

動 話す

She **speaks** German.
彼女はドイツ語を話します。

□ 0021

sleep

【slíːp】スリープ

動 寝る、眠る

He **sleeps.**
彼は寝ます。

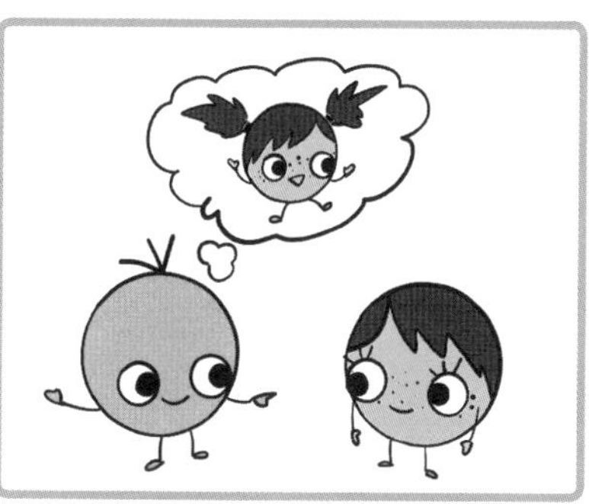

☐ 0022

know

【nóʊ】ノーゥ

動 知る、知っている

I **know** your sister.
君の妹、知っているよ。

☐ 0023

study

【stʌ́di】スタディー

動 勉強する、研究する

We **study** English.
ぼくたちは英語を勉強します。

☐ 0024

rain

【réɪn】ゥレーィン

動 雨が降る

It often **rains** in June.
6月はよく雨が降ります。

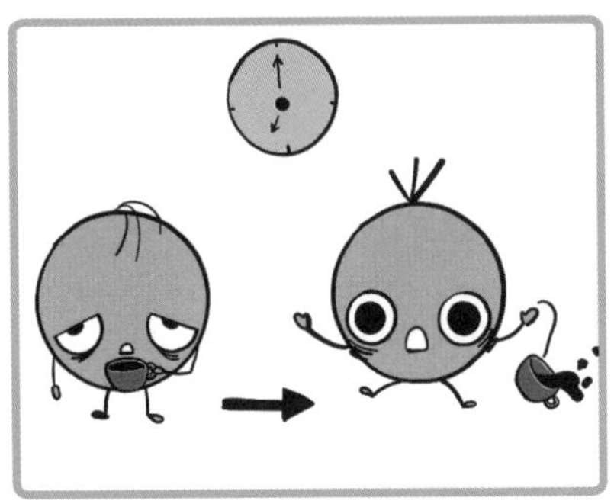

□ 0025

drink

【dríŋk】ジュインク

動 飲む

I **drink** coffee in the morning.
ぼくは朝、コーヒーを飲みます。

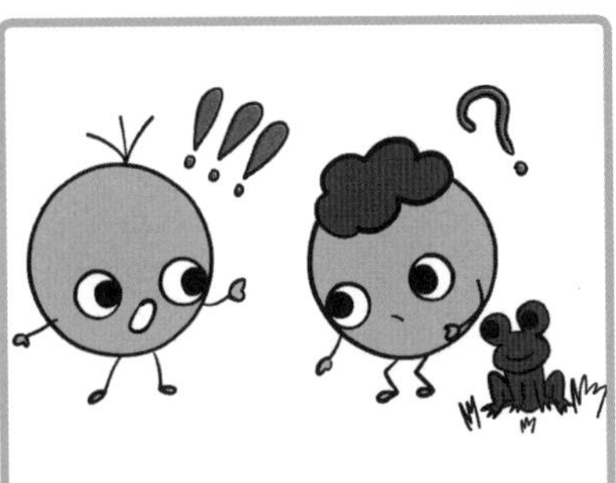

□ 0026

sit

【sít】スイットゥ

動 座る

Don't **sit** there!
そこ、座らないで！

□ 0027

close

【klóʊz】クローゥズ

動 閉じる、閉める

Can you **close** the door?
ドアを閉めてくれる？

□ 0028

help

【hélp】ヘゥルプ

動 助ける、救う、手伝う

Help!

助けて！

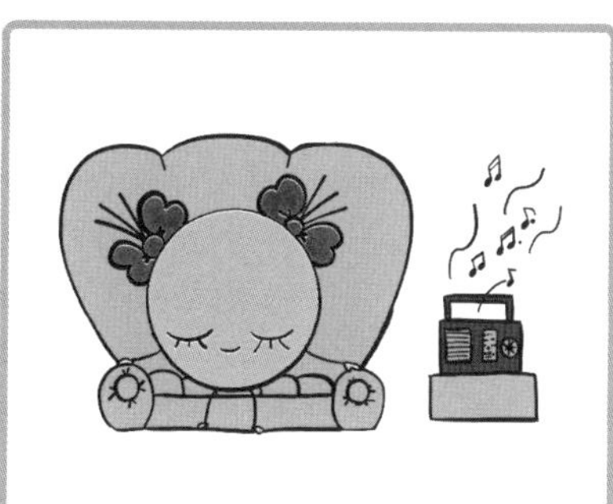

□ 0029

listen

【lísn】リッスン

動（意識して）聞く

She **listens** to music.

彼女は音楽を聴きます。

□ 0030

meet

【míːt】ミートゥ

動 会う、出会う

He **meets** an octopus.

彼はタコに出会います。

□ 0031

sing

【síŋ】スイング

動 歌う、鳴く

She **sings** her favorite song.
彼女はお気に入りの歌を歌います。

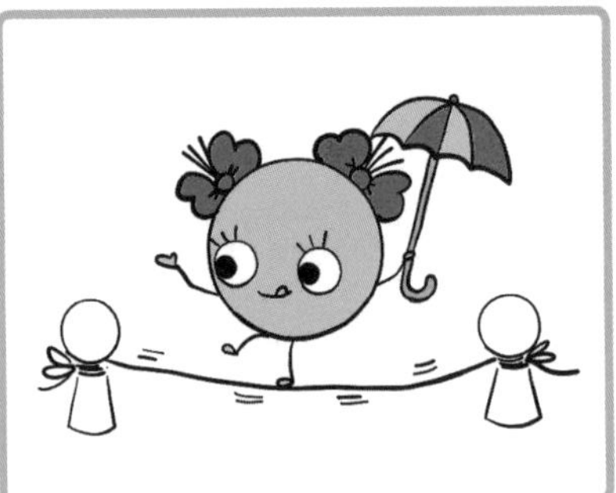

□ 0032

walk

【wɔ́ːk】ゥワーク

動 歩く、散歩する

She **walks** on a tightrope.
彼女は綱渡りをします。

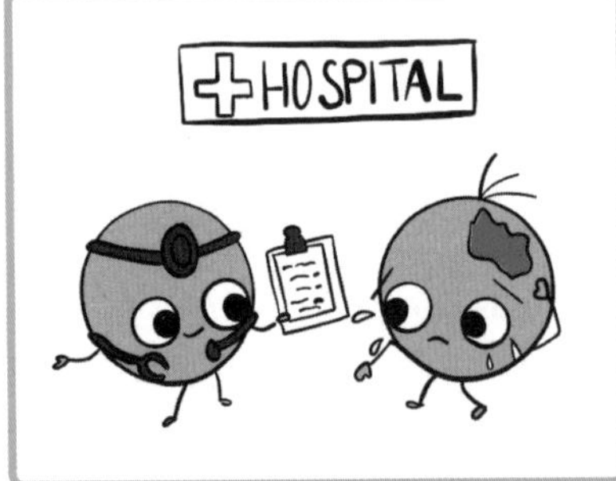

□ 0033

work

【wə́ːk】ゥオーゥク

動 働く、仕事をする

He **works** in a hospital.
彼は病院で働いています。

☐ 0034

talk

【tɔ́ːk】 トーク

動 話す、しゃべる

Are you **talking** to me?
ぼくにしゃべっているの？

☐ 0035

teach

【tíːtʃ】 ティーチュ

動 教える

He **teaches** math.
彼は算数を教えます。

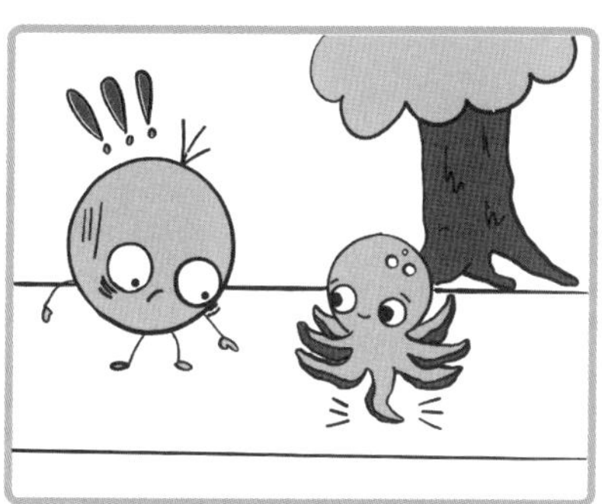

☐ 0036

stand

【stǽnd】 スターンドゥ

動 立つ、立ち上がる

I can **stand** on one leg.
ぼくは一本足で立てるよ。

STEP1 STEP2 STEP3

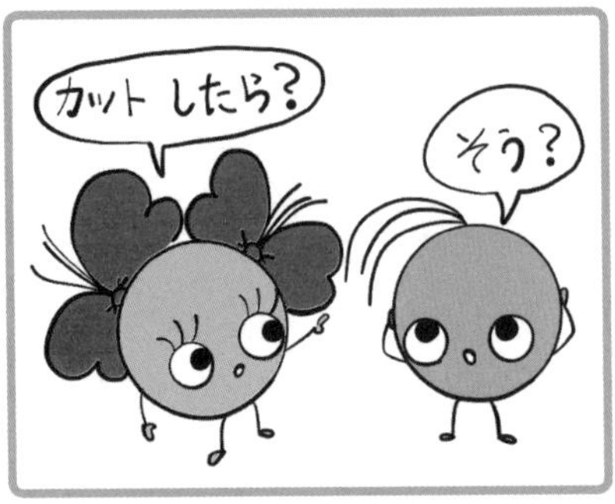

☐ 0037

think

【θíŋk】ティンク

動 思う、考える

I **think** you need a haircut.
髪の毛を切ったほうがいいと思うよ。

☐ 0038

need

【ní:d】ニードゥ

動 ～を必要とする

I **need** water!
お水が必要！

☐ 0039

begin

【bəgín】ビギン

動 始める、開始する

School **begins** at 9 o'clock.
学校は9時に始まります。

□ 0040

enjoy

【ɪndʒɔ́ɪ】エンジョイ

動 ～を楽しむ

He **enjoys** climbing towers.
彼は塔に登るのが好きです。

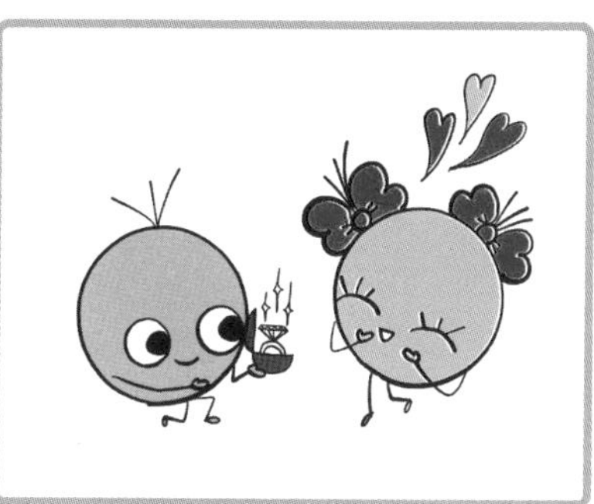

□ 0041

give

【gív】ギヴ

動 与える、あげる

He **gives** her a diamond ring.
彼は彼女にダイヤの指輪をあげます。

□ 0042

learn

【lə́ːrn】ルァーン

動 学ぶ、覚える

I **learn** the tricks of magic.
ぼくはマジックのトリックを学びます。

□ 0043

practice

【prǽktɪs】プ**ア**ックティス

動 練習する

He **practices** golf.
彼はゴルフを練習します。

□ 0044

wait

【wéɪt】ゥ**エ**イトゥ

動 待つ

She **waits** for one hour.
彼女は1時間待ちます。

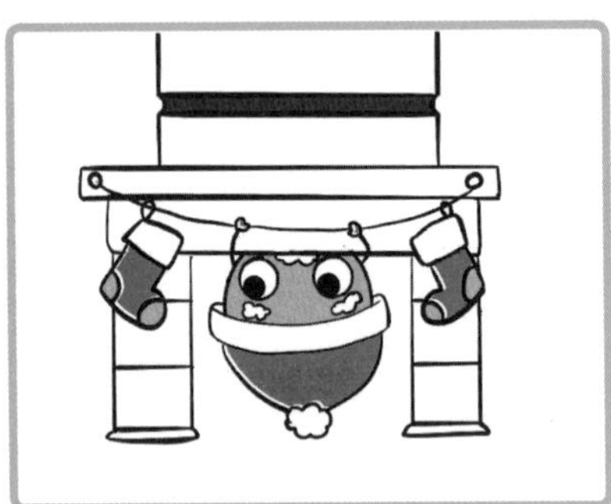

□ 0045

today

【tʊdéɪ】トゥ**デ**イ

名 今日

Today is Christmas Eve.
今日はクリスマス・イブです。

□ 0046

tomorrow

【tʊmάroʊ】トゥモーゥオ

名 明日

Tomorrow is Valentine's Day.
明日はバレンタインデーです。

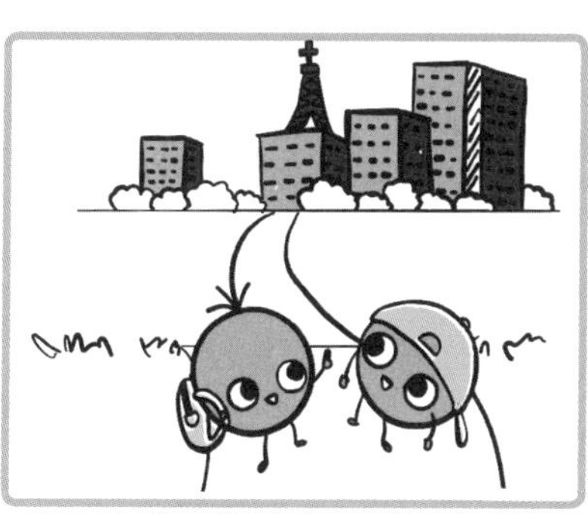

□ 0047

city

【síti】スィティ

名 都市

Let's go to the **city**!
街に行こう！

□ 0048

place

【pléɪs】プレイス

名 場所、所

I like this **place.**
私はこの場所が好き。

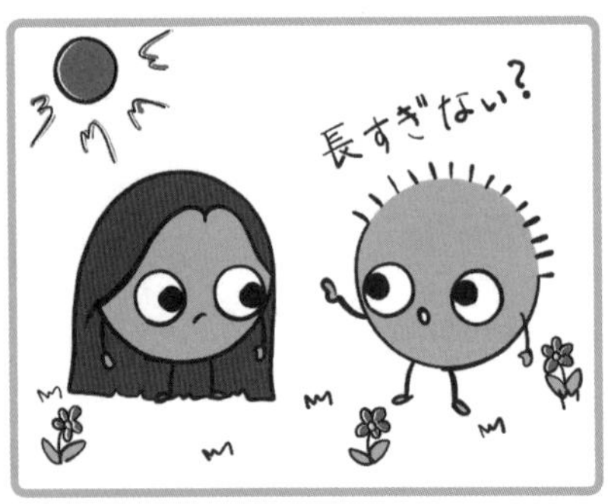

□ 0049

long

【lɔ́ːŋ】ローン

形 長い

Your hair is so **long**!

髪の毛、とても長いね！

□ 0050

high

【háɪ】ハーイ

形 高い

This bridge is very **high.**

この橋はとても高いです。

□ 0051

hungry

【hʌ́ŋgri】ハングィ

形 おなかがすいている

I'm **hungry.**

ぼくはおなかがすいている。

□ 0052

sleepy

【slíːpi】スリーピ

形 眠い

I'm **sleepy**.
ぼくは眠いです。

□ 0053

great

【gréɪt】グエイトゥ

形 すぐれた、すばらしい

I had a **great** time!
ものすごく楽しかった！

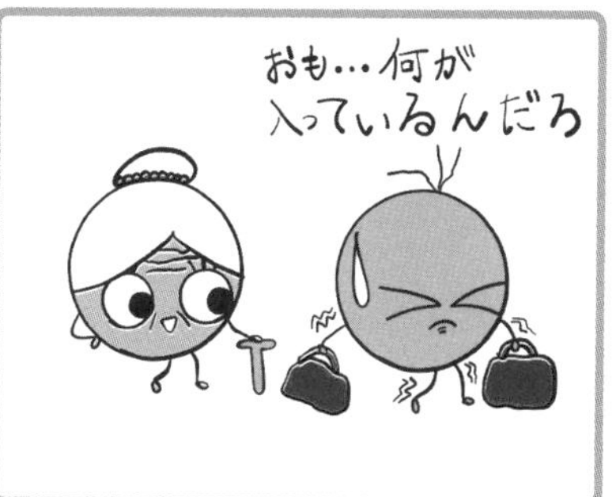

□ 0054

kind

【káɪnd】カインドゥ

形 親切な、優しい

You are so **kind**.
あなたはとても優しいね。

STEP1 STEP2 STEP3

□ 0055

warm

【wɔ́ɚm】ウアーウム

形 暖かい

It's **warm** today.
今日は暖かいです。

□ 0056

busy

【bízi】ビズィ

形 忙しい

Are you **busy** now?
今、忙しい?

□ 0057

favorite

【féɪv(ə)rət】フェイヴイッ

形 一番好きな

What's your **favorite** food?
君のお気に入りの食べ物は何?

□ 0058

ready

【rédi】ゥエディ

形 用意ができて、準備ができて

Are you **ready**?
準備できた？

□ 0059

very

【véri】ヴェゥイ

副 非常に、大変

I am **very** tired.
ぼくはとても疲れています。

□ 0060

here

【híɚ】ヒゥ

副 ここに

He is **here**.
彼はここにいるよ。

□ 0061

too

【túː】トゥー

副 ～も、～すぎる

Me **too**!
ぼくも！

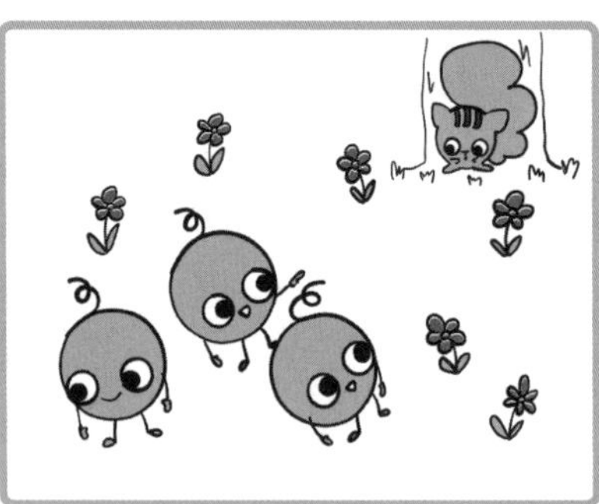

□ 0062

there

【ðéə】デゥ

副 そこに

I see a squirrel **there**.
そこにリスが見えるよ。

□ 0063

usually

【júːʒuəli】ユージュアリ

副 通常、普通は

Usually, there are more people.
普段はもっと人がいるよ。

□ 0064
spring 春
【spríŋ】スプイング

□ 0065
summer 夏
【sʌ́mɚ】サムー

□ 0066
autumn 秋
【ɔ́:təm】オートゥンム

□ 0067
winter 冬
【wíntɚ】ウィントゥ

□ 0068

often

【ɔ́ːf(ə)n】オフン

副 しばしば、よく

She **often** buys lipsticks.
彼女はよく口紅を買います。

□ 0069

well

【wél】ウエウル

形 健康で、丈夫で
副 満足に、上手に

I don't feel **well**.
気分がよくない。

□ 0070

not

【nát】ナットゥ

副 ～でない、～しない

I do **not** understand.
ぼくは理解できません。

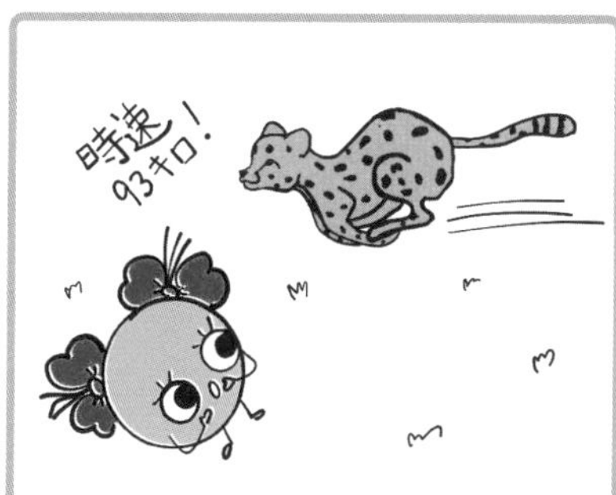

□ 0071

fast

【fǽst】ファーストゥ

副 速く
形 速い

Cheetahs run **fast**.
チーターは走るのが速いです。

□ 0072

also

【ɔ́ːlsoʊ】オールソゥ

副 また、〜も

I **also** want to go!
私も行きたい！

□ 0073

always

【ɔ́ːlweɪz】オールゥエーイズ

副 常に、いつでも

It **always** rains on a field trip day.
遠足の日はいつも雨。

STEP1 STEP2 STEP3

□ 0074

then

【ðén】デン

副 そのとき、あのとき

I was home **then.**
そのときは家にいました。

□ 0075

again

【əgén】アゲン

副 再び

It's raining **again.**
また雨が降っています。

□ 0076

sometimes

【sʌ́mtàɪmz】サンムタイムズ

副 ときどき

He **sometimes** wears a skirt.
彼はときどきスカートをはきます。

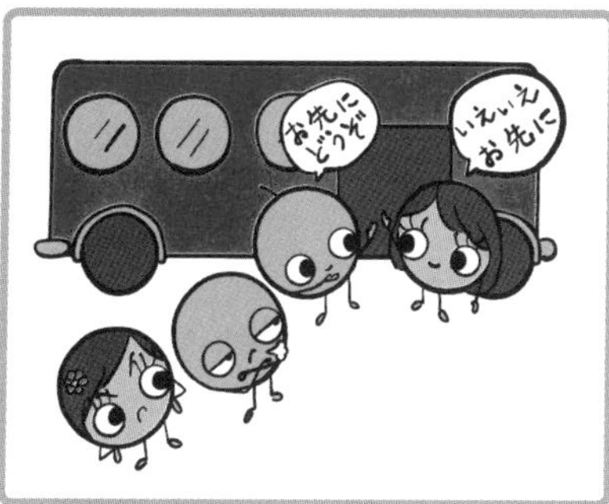

☐ 0077

after

【ǽftɚ】アフトゥー

前 〜の後に

After you.
お先にどうぞ。

☐ 0078

with

【wíð】ウィッドゥ

前 〜と一緒に、〜を連れて

She came **with** her boyfriend.
彼女は彼氏と一緒に来ました。

☐ 0079

about

【əbáʊt】アバウトゥ

前 〜について、〜に関して

The story is **about** a dinosaur.
恐竜についてのお話です。

□ 0080

before

【bɪfɔ́ɚ】ビフォーア

前 ～よりも前に

I want to lose weight **before** summer.

夏までに体重を減らしたいの。

□ 0081

a/an

【ə】ア /【ən】エアン

冠 ひとつの、1人の

I buy **an** apple.

ぼくはりんごを買います。

□ 0082

the

【ðə】ドゥ 【ði】ディ

冠 その、例の

The apple is sour.

そのりんごはすっぱいです。

□ 0083

what

【wát】ウワットゥ

代 何、どんなもの、どんなこと

What do you think?

あなたはどう思う？

□ 0084

how

【háʊ】ハウ

副 どんなふうに、どうやって

How do you open this door?

このドア、どうやって開けるの？

□ 0085

where

【wéɚ】ウエア

副 どこに、どこで

Where is the cat?

ネコはどこにいる？

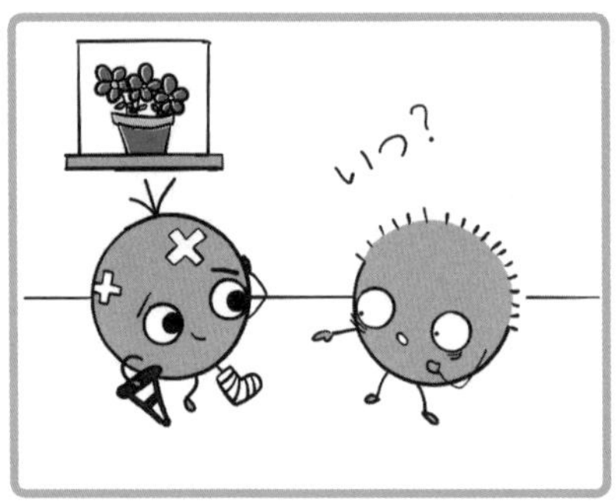

□ 0086

when

【wén】ゥエン

副 いつ

When did you have an accident?

いつ事故にあったの？

□ 0087

who

【húː】フー

代 だれが、だれで、どの人、どんな人

Who are you?

あなた、だれ？

□ 0088

which

【wítʃ】ウイッチュ

代 どちら、どれ

Which is better?

どっちのほうがいい？

□ 0089

whose

【hú:z】フーズ

代 だれの

Whose sock is this?
このくつした、だれの？

□ 0090

why

【wáɪ】ゥワイ

副 なぜ

Why are you crying?
なぜ泣いているの？

□ 0091

and

【ən】エン

接 ～と～

I like the sun **and** the moon.
私は太陽と月が好きです。

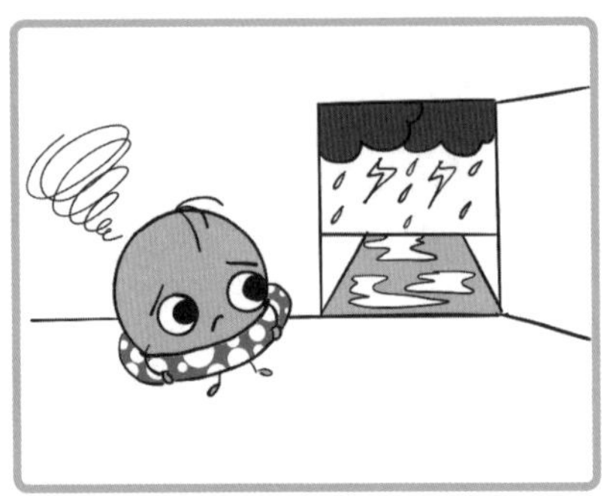

□ 0092

but

【bət】バットゥ

接 しかし、だが、けれども

I want to go out, **but** it's raining.
外に出たいけれど、雨が降っている。

□ 0093

or

【ɚ】オァ

接 ～または～

Do you want a snake **or** a caterpillar?
どっちがほしい？　ヘビ？　それともイモムシ？

□ 0094

so

【sóʊ】ソゥ

副 非常に、とても

This is **so** good!
これ、すごくおいしい！

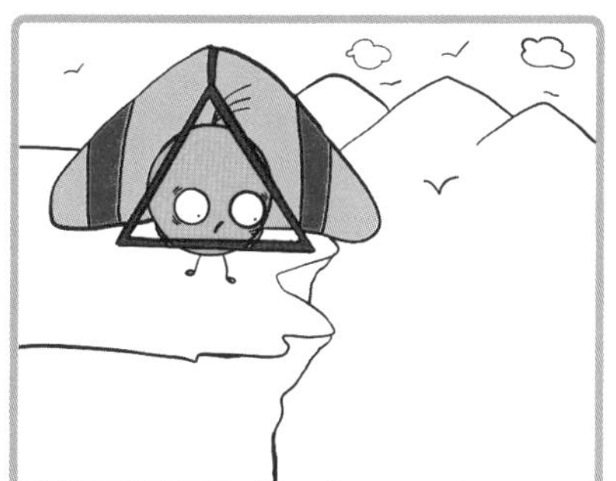

□ 0095

can

【k(ə)n】キェン

助 ～することができる

I **can** do it!
ぼくはできる！

□ 0096

will

【wíl】ウイル

助 ～するだろう、～するつもりだ

I **will** be a caterpillar.
私はイモムシになるの。

□ 0097

easy

【í:zi】イーズィ

形 簡単な、やさしい

This is **easy**!
これ、簡単だよ！

□ 0098

visit

【vízɪt】ヴィズィッ

動 ～を訪問する

I **visited** my grandparents.
ぼくはおじいちゃんとおばあちゃんを訪問しました。

□ 0099

stay

【stéɪ】ステイ

動 とどまる、滞在する
名 滞在

You should **stay** home today.
今日は家にいたほうがいいよ。

□ 0100

clean

【klíːn】クリーン

動 きれいにする
形 清潔な、汚れていない

Clean up this mess!
これ、きれいに片付けなさい！

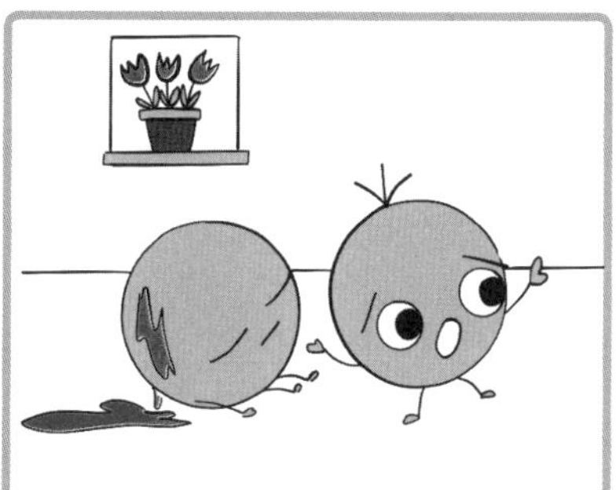

☐ 0101

call

【kɔ́ːl】コール

動 呼ぶ

Please **call** an ambulance!

救急車を呼んでください！

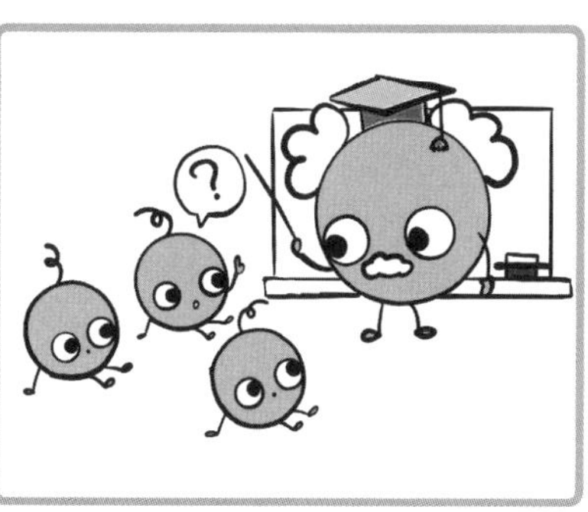

☐ 0102

ask

【ǽsk】アースク

動 たずねる、質問する

Can I **ask** a question?

質問していいですか？

☐ 0103

show

【ʃóʊ】ショーウ

動 見せる

Show me what's inside!

中身を見せて！

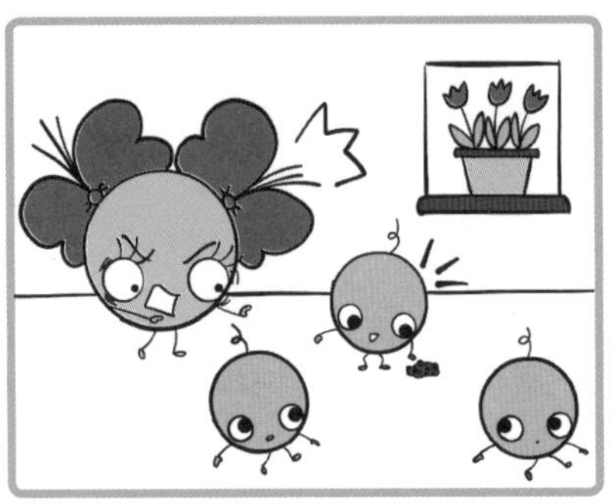

□ 0104

find

【fáɪnd】ファインドゥ

動 見つける

He **found** a cookie.
彼はクッキーを見つけました。

□ 0105

finish

【fínɪʃ】フィニッシュ

動 ～を終える、終わる

He **finished** last.
彼はビリになりました。

□ 0106

leave

【lí:v】リーヴ

動 去る、出る

He **leaves** home early.
彼は家を早く出ます。

□ 0107

bring

【bríŋ】ブィン

動 持ってくる、連れてくる

Bring me a rope!

ロープを持ってきて！

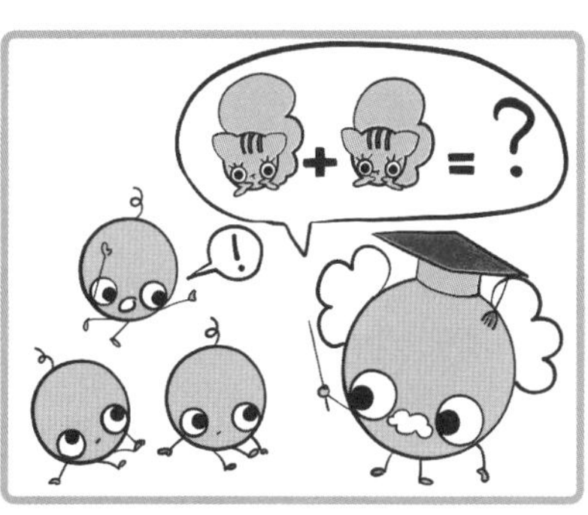

□ 0108

answer

【ǽnsɚ】アンスー

動 答える

I want to **answer** that!

それ、ぼくが答えたい！

□ 0109

say

【séɪ】セイ

動 言う

What did you just **say**?

今、何て言った？

☐ 0110

wear

【wéə˞】ウエア

動 着る、身につける

Can I **wear** this hat to school?
この帽子をかぶって学校に行っていい？

☐ 0111

hear

【híə˞】ヒーア

動 聞こえる

Did you **hear** that?
今の、聞こえた？

☐ 0112

tell

【tél】テゥル

動 話す、言う、告げる

Tell me your secret!
秘密を教えて！

☐ 0113

become

【bɪkʌ́m】ビカンム

動 ～になる

I want to **become** an astronaut.
ぼくは宇宙飛行士になりたい。

☐ 0114

send

【sénd】センドゥ

動 送る

I **sent** a letter to Santa Claus.
サンタに手紙を送ったよ。

☐ 0115

hope

【hóʊp】ホウプ

動 ～を望む、期待する

I **hope** you get better soon.
早くよくなるといいね。

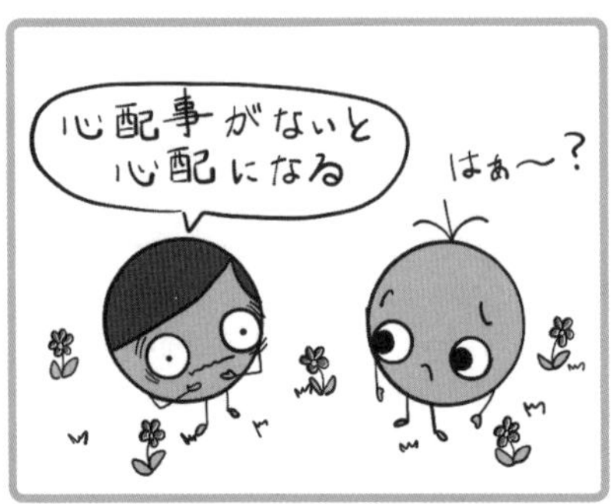

☐ 0116

worry

【wə́ːri】ゥオーリ

動 心配する

He **worries** too much.
彼は心配しすぎだ。

☐ 0117

forget

【fəgét】フゲットゥ

動 忘れる

Don't **forget**.
忘れないでね。

☐ 0118

join

【dʒɔ́ɪn】ジョイン

動 一緒になる、つなぐ

Can I **join** you?
一緒に行ってもいい？

☐ 0119

remember

【rɪmémbɚ】ウイメンブー

動 思い出す、覚える

Remember to stay with your partner!

パートナーといつも一緒にね、覚えておいてね！

☐ 0120

move

【múːv】ムーヴ

動 ～を動かす、引っ越す

Move your body.

体を動かしましょう。

☐ 0121

hurry

【hɚ́ːri】ホーゥリ

動 急ぐ

Hurry up!

早く！

□ 0122

turn

【tə́ːrn】トゥーン

動 回転させる、曲がる

Turn right at the sign.
標識を右に曲がってね。

□ 0123

carry

【kǽri】キェアーゥイ

動 運ぶ

He **carries** his family.
彼は家族を運びます。

□ 0124

feel

【fíːl】フィーゥル

動 感じる、～に触れる

She **feels** sad.
彼女は悲しいです。

□ 0125

keep

【kíːp】キープ

動 取っておく

Keep the change.
おつりはいりません。

□ 0126

understand

【ʌ̀ndə-stǽnd】アンドゥスターン

動 理解する、わかる

Now I **understand**!
やっと わかった！

□ 0127

moment

【móʊmənt】モーゥメントゥ

名 瞬間、ちょっとの間

One **moment**, please.
少々お待ちください。

STEP1 STEP2 STEP3

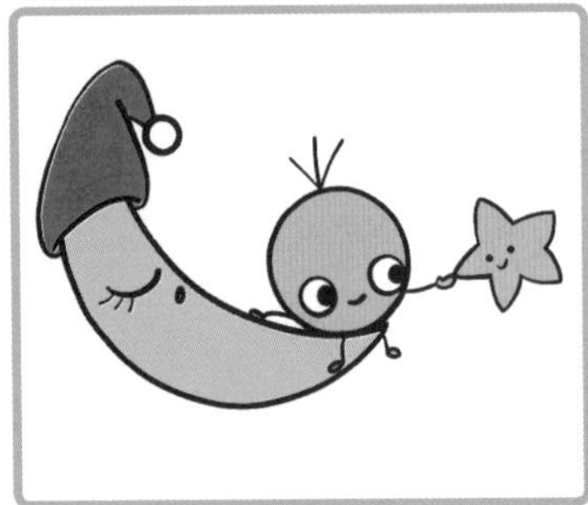

□ 0128

Monday 月曜日

【mʌ́ndèɪ】マンデイ

On **Mondays**, I go to the moon.

□ 0129

Tuesday 火曜日

【t(j)úːzdèɪ】チューズデイ

On **Tuesdays**, I climb a tree.

□ 0132

Friday 金曜日

【fráɪdèɪ】フアイデイ

On **Fridays**, I eat fried chicken.

□ 0133

Saturday 土曜日

【sǽtə-dèɪ】サールデイ

On **Saturdays**, I dance with Saturn.

□ 0130

Wednesday 水曜日

【wénzdèɪ】ウェンズデイ

On **Wednesdays**, I play with Wen Wen.

□ 0131

Thursday 木曜日

【θə́ːzdèɪ】トゥースデイ

On **Thursdays**, I am thirsty.

□ 0134

Sunday 日曜日

【sʌ́ndèɪ】サンデイ

On **Sundays**, I eat a sundae.

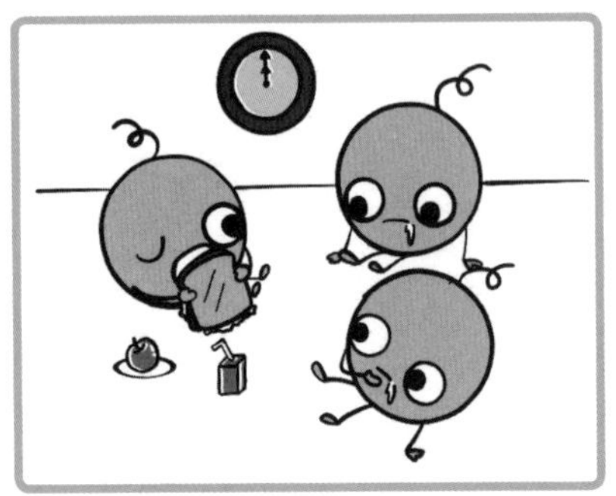

□ 0135

noon

【nú:n】ヌーン

名 正午

He eats lunch at **noon**.
彼は正午にランチを食べます。

□ 0136

people

【pí:pl】ピーポーゥ

名 人々

People are dancing in the rain.
人々は雨の中、おどっています。

□ 0137

snow

【snóʊ】スノーゥ

名 雪

The **snow** is melting.
雪がとけています。

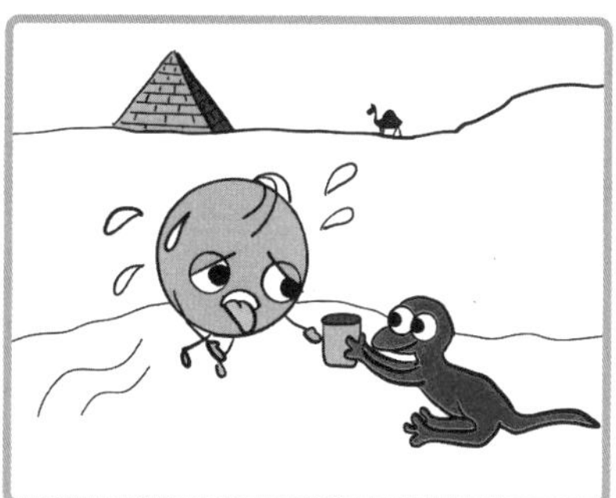

□ 0138

water

【wɔ́ːtɚ】ゥワールー

名 水

I want **water**.
お水がほしい。

□ 0139

sky

【skáɪ】スカーイ

名 空

There is a UFO in the **sky**.
空に UFO が飛んでいるよ。

□ 0140

watch

【wátʃ】ゥワッチュ

名 腕時計

Can you fix my **watch**?
私の腕時計を直してくれますか？

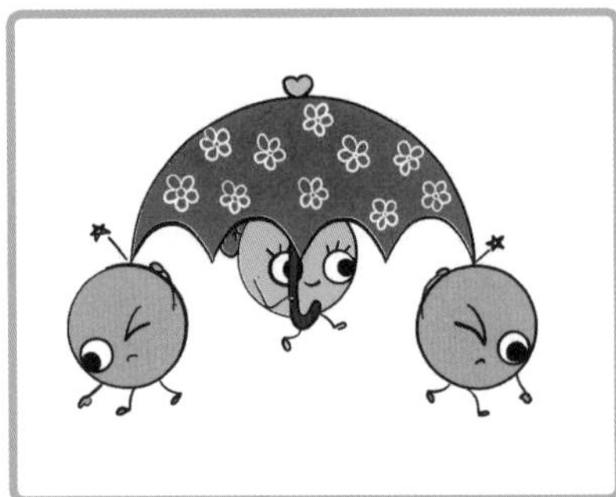

□ 0141

umbrella

【ʌmbrélə】アンブ**エ**ラ

名 傘

I like my new **umbrella.**

新しい傘、気に入った。

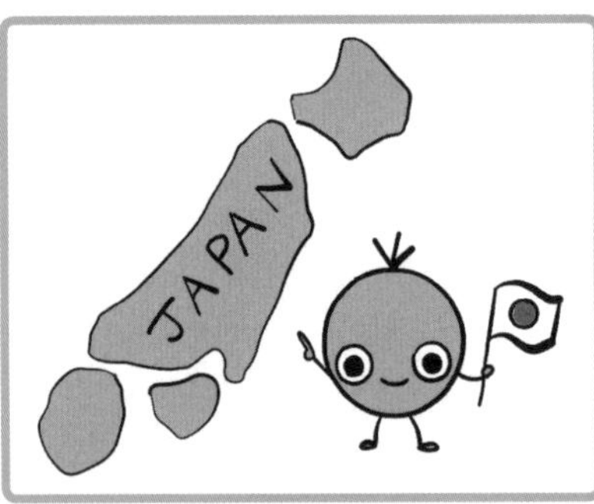

□ 0142

country

【kʌ́ntri】**カ**ンチュイー

名 国

Japan is a **country.**

日本は国です。

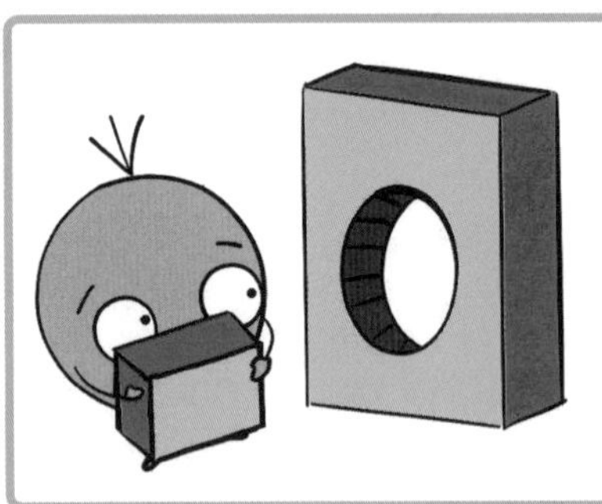

□ 0143

problem

【prɑ́bləm】プ**ア**ーブレンム

名 問題、難問

I have a **problem.**

どうしよう。

□ 0144

future

【fjúːtʃɚ】フューチュー

名 未来、将来

In the **future**, we will be able to fly.

将来、ぼくたち飛べるようになるよ。

□ 0145

thing

【θíŋ】ティン

名 もの、こと

What is this **thing** for?

これは何に使うもの？

□ 0146

way

【wéɪ】ウエーイ

名 道路、道、方向

Which **way** is it!?

どっちの方向に行けばいいの！？

STEP1 STEP2 STEP3

□ 0147

language

【lǽŋgwɪdʒ】ラングェッジュ

名 言語

What **language** is that?

それは何語？

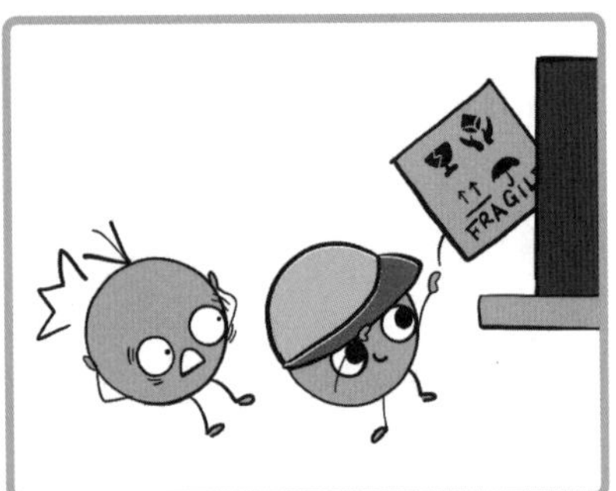

□ 0148

care

【kéə】ケーァ

名 細心の注意、不安

Handle with **care**!

取り扱いに注意！

□ 0149

example

【ɪgzǽmpl】エグザンプー

名 例

For **example**, a squirrel is a mammal.

たとえば、リスは哺乳類です。

□ 0150

part

【pάɚt】パートゥ

名 部分

Which **part** did you like?

どの部分がよかった？

□ 0151

late

【léɪt】レイトゥ

形 遅れた、遅い

It's so **late**!

もうこんな時間！

□ 0152

last

【lǽst】ラーストゥ

形 最後の

What's your **last** name?

君の苗字は何？

STEP1 STEP2 STEP3

☐ 0153

sure

【ʃʊ́ɚ】シューァ

形 確信して

Are you **sure**?
本当に？

☐ 0154

sorry

【sɑ́ri】ソーゥイ

形 すまないと思って

Sorry!
ごめん！

☐ 0155

early

【ɚ́ːli】ウーリ

副 早く
形 早い

He wakes up **early** in the morning.
彼は早起きです。

□ 0156

free

【fríː】フイー

形 無料の、自由な、暇な

Free ice cream for everyone!
みんなに無料のアイスを！

□ 0157

tired

【táɪɚd】タイユードゥ

形 疲れた

You're already **tired**?
もう疲れたの？

□ 0158

difficult

【dífɪkʌlt】ディフィコゥルトゥ

形 難しい

This is too **difficult**.
これは難しすぎ。

□ 0159

only

【óʊnli】オゥンリ

副 ～のみ、～だけ

Girls **only**!

女性のみ！

□ 0160

sick

【sík】スィック

形 体調不良の、病気の

I feel **sick.**

気分が悪い。

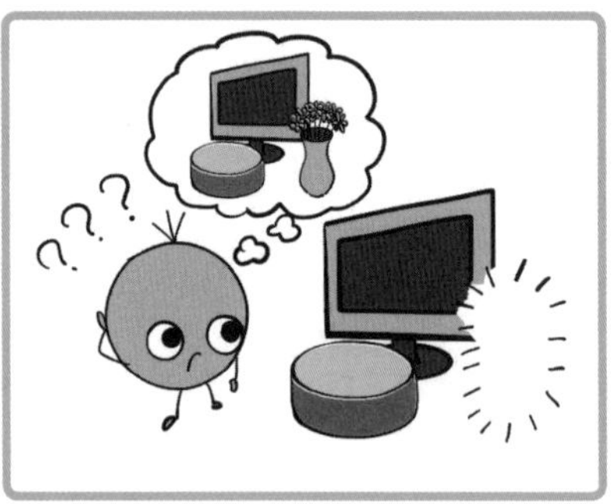

□ 0161

different

【díf(ə)rənt】ディフエントゥ

形 異なった、違った、別の

Something is **different.**

何かが違う。

□ 0162

famous

【féɪməs】フェイムス

形 有名な

That is the **famous** Merlion.
あれが有名なマーライオンだよ。

□ 0163

little

【lítl】リトゥー

形 小さい、少量の

What a cute **little** dog!
なんて小さくてかわいらしいワンちゃん！

□ 0164

small

【smɔ́ːl】スモーゥル

形 小さい

What a **small** tree!
なんて小さな木なんだろう！

□ 0165

interesting

【íntrəstɪŋ】インチュエスティン

形 興味を起こさせる、おもしろい

This is an **interesting** painting.
これはおもしろい絵だね。

□ 0166

sad

【sǽd】サーッドゥ

形 悲しい

It looks **sad.**
悲しそう。

□ 0167

hard

【hɑ́ɚd】ハーゥドゥ

形 かたい、つらい、難しい

This bread is **hard.**
このパン、かたいよ。

□ 0168

popular

【pάpjʊlɚ】ポアーピュルー

形 人気のある

He's a **popular** singer.
彼は人気の歌手です。

□ 0169

large

【lάɚdʒ】ラーゥジュ

形 大きい

I got a **large** size.
大きいサイズを買ったよ。

□ 0170

other

【ʌ́ðɚ】アドゥー

形 他の、別の

Let's go to the **other** side.
反対側に行こう。

□ 0171

useful

【júːsf(ə)l】ユースフル

形 役に立つ

I need **useful** sentences.

使える文章がほしい。

□ 0172

delicious

【dɪlíʃəs】デリッシュス

形 とてもおいしい

Durian is stinky but **delicious.**

ドリアンは臭いけれどおいしいよ。

□ 0173

own

【óʊn】オーゥン

形 自分自身の

Finally, I have my **own** room.

やっと私だけの部屋を手に入れた。

□ 0174

quiet

【kwáɪət】クワーイエッ

形 静かな

Be **quiet**!

静かに！

□ 0175

each

【íːtʃ】イーチュ

副 それぞれ

形 それぞれの

The apples are 50 dollars **each**.

りんごはそれぞれ 50 ドルです。

□ 0176

excited

【eksáɪtɪd】エックサイテッドゥ

形 興奮して

She is **excited** about her trip to Paris.

彼女はパリ旅行に対してワクワクしています。

□ 0177

both

【bóʊθ】ボゥトゥ

形 両方の、両者の

Both buses take you to Rome.
どちらのバスもローマ行きです。

□ 0178

dark

【dáɚk】ダーゥク

形 暗い

It's **dark** in this room.
この部屋、暗いね。

□ 0179

far

【fáɚ】ファーゥ

副 遠くに
形 遠い

He is standing **far** away.
彼は遠いところに立っています。

☐ 0180
interested
【íntrəstɪd】インチュエステッドゥ

形 興味を持って

I am not **interested.**
興味がないです。

☐ 0181
strange
【stréɪndʒ】スチュエーィンジュ

形 奇妙な、不思議な

There's something **strange.**
何かが変だよ。

☐ 0182
such
【sʌ́tʃ】サッチュ

形 非常に、そのような

He is **such** a funny person.
彼はとてもおもしろい人だよ。

□ 0183

really

【ríː(ə)li】ウイーリ

副 本当に、実際に

Really?
本当に？

□ 0184

back

【bǽk】ベアック

副 戻って、後ろに

I'll be **back**.
また戻ってくる。

□ 0185

ago

【əgóʊ】アゴゥ

副 ～前に

I took a shower one hour **ago**.
１時間前にシャワーを浴びたよ。

☐ 0186

together

【tʊgéðɚ】トゥゲドゥー

副 一緒に

Do you want to go **together**?

一緒に行く？

☐ 0187

soon

【súːn】スーン

副 まもなく、もうすぐ

It will **soon** rain.

もうすぐ雨が降るね。

☐ 0188

just

【dʒʌ́st】ジャストゥ

副 ほんの、ちょうど

It's **just** 3 hours on foot.

歩いてほんの3時間だよ。

□ 0189 **January** 1月

【dʒǽnjuèri】ジャニュエウィ

□ 0190 **February** 2月

【fébjuèri】フェブエウィ

□ 0191 **March** 3月

【máɚtʃ】マーウチュ

□ 0192 **April** 4月

【éɪprəl】エイプイゥル

□ 0193 **May** 5月

【méɪ】メイ

□ 0194 **June** 6月

【dʒúːn】ジューン

□ 0195 **July** 7月

【dʒʊláɪ】ジュライ

□ 0196 **August** 8月

【ɔ́ːgəst】アーグストゥ

□ 0197 **September** 9月

【septémbɚ】セプテンブー

□ 0198 **October** 10月

【ɑktóʊbɚ】アクトウブー

□ 0199 **November** 11月

【noʊvémbɚ】ノヴェンブー

□ 0200 **December** 12月

【dɪsémbɚ】ディセンブー

□ 0201

once

【wʌ́ns】ウワンス

副 一度

I brush my teeth **once** a month.
歯磨きは月１回するよ。

□ 0202

later

【léɪtə】レイトゥー

副 後で

Two minutes **later**, he stopped playing.
２分後、彼は演奏するのをやめた。

□ 0203

away

【əwéɪ】アウエーイ

副 離れて、向こうに

Go **away**!
あっち行って！

□ 0204

maybe

【méɪbi】メイビ

副 たぶん、もしかしたら

Maybe next time.
また今度ね。

□ 0205

easily

【íːz(ə)li】イーズリ

副 容易に、気楽に

I can **easily** win.
楽々と勝てるよ。

□ 0206

enough

【ɪnʌ́f】イナッフ

副 十分に
形 十分な

You ate **enough**.
もうあなたは十分に食べたでしょ。

STEP1 STEP2 STEP3

□ 0207

still

【stíl】スティル

副 まだ、それでも

It's **still** 5 o'clock.
まだ5時だよ。

□ 0208

yet

【jét】イエットゥ

副 まだ

Dad is not home **yet**!
お父さん、まだ帰ってきていないよ！

□ 0209

like

【láɪk】ライク

前 ～のような

You're acting **like** a baby!
赤ちゃんのような真似をしないの！

□ 0210

until

【əntíl】アンティル

前 ～まで

I worked **until** 3 a.m. last night.
ゆうべ夜中の3時まで仕事をしたんだ。

□ 0211

because

【bɪkɔ́:z】ビカーズ

接 なぜなら

I can't fly **because** I don't have wings.
羽がないから私は飛べないの。

□ 0212

may

【méɪ】メイ

助 ～してもよい、～かもしれない

May I say something?
ちょっと一言いい？

☐ 0213

should

【ʃʊ́d】シュッドゥ

助 ～すべきである

You **should** cut your hair.
髪の毛、切ったほうがいいよ。

☐ 0214

could

【kʊ́d】クッドゥ

助 can の過去形

I thought I **could** do it.
できると思った。

☐ 0215

must

【mʌ́st】マストゥ

助 ～しなければならない、～に違いない

You **must** remember to lock the door.
ドアのカギを閉めるのを忘れないで。

□ 0216

shall

【ʃǽl】シェアル

助 ～しましょうか、～でしょうか

Shall we dance?

おどりませんか？

□ 0217

one

【wʌ́n】ゥワン

名 1、ひとつ

I need **one**, not ten.

10本ではなく、1本で十分だよ。

□ 0218

anything

【éniθɪŋ】エニティン

代 何でも

I would do **anything** for you.

あなたたちのためなら何でもするよ。

□ 0219

everyone

【évriwʌ̀n】エヴイィゥワン

代 全員

Everyone out!
全員出なさい！

□ 0220

another

【ənʌ́ðɚ】アナドゥー

形 もうひとつの

I found **another** one!
もう１個見つけたよ！

□ 0221

something

【sʌ́mθɪŋ】サンムティィン

代 何か

I hear **something.**
何かが聞こえる。

□ 0222

everything

【évriθìŋ】エヴイティン

代 すべて

You hear **everything**.

君たちは何でも聞こえるのね。

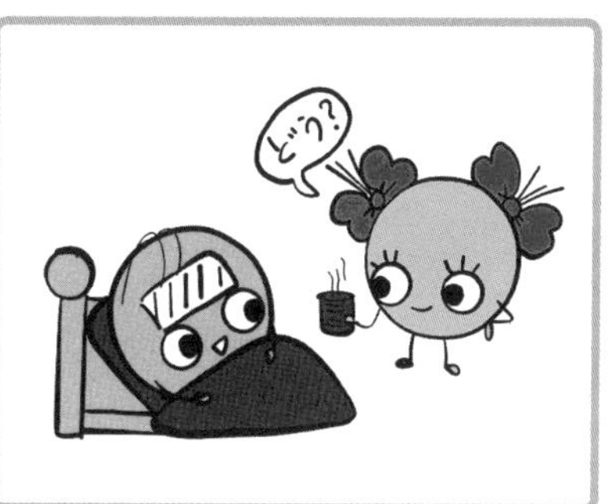

□ 0223

much

【mʌ́tʃ】マッチュ

副 だいぶ

I feel **much** better now.

だいぶ気分がよくなったよ。

□ 0224

best

【bést】ベストゥ

形 最もよい

You're the **best** Mom in the world!

ママは世界一のママ！

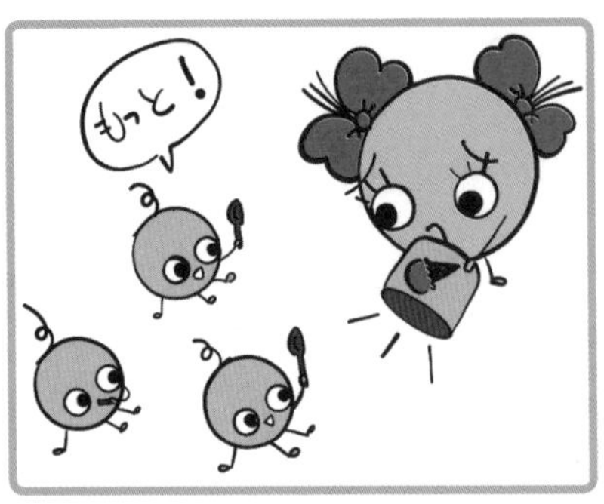

□ 0225

more

【mɔ́ɚ】モア

形 もっと

Can I have **more** ice cream?
アイスもっとちょうだい？

□ 0226

better

【bétɚ】ベトゥー

形 よりよい

This is **better**.
こっちのほうがいいよ。

□ 0227

than

【ðǽn】デン

接 ～よりも

I am taller **than** you.
ぼくのほうが君よりも背が高い。

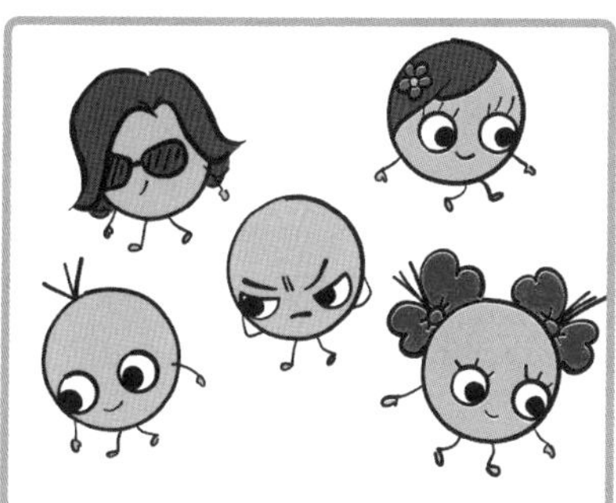

☐ 0228

most

【móʊst】モーゥストゥ

形 たいていの

Most people like to smile.
たいていの人はニコッとするのが好きです。

☐ 0229

draw

【drɔ́ː】ジュアー

動 絵を描く

Stop **drawing** on the wall!
壁に絵を描くのをやめなさい！

☐ 0230

arrive

【əráɪv】アゥライヴ

動 到着する

I **arrived** on the moon.
月に着いたよ。

□ 0231

ride

【ráɪd】ゥライドゥ

動 乗る、またがる

He is **riding** a whale.
彼はクジラに乗っています。

□ 0232

cut

【kʌ́t】カットゥ

動 切る

My mother **cut** my hair.
お母さんがぼくの髪を切ったんだ。

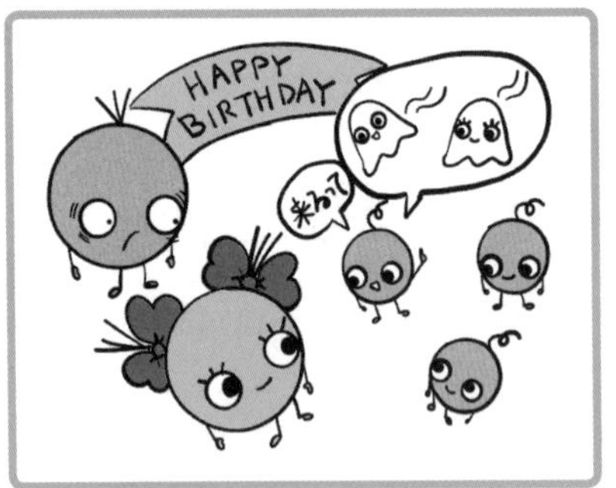

□ 0233

invite

【ɪnváɪt】インヴァイトゥ

動 招待する

We **invited** our friends.
ぼくたちの友達を招待したよ。

□ 0234

sell

【sél】セル

動 売る

We **sell** old things.
ぼくたちは古いものを売ります。

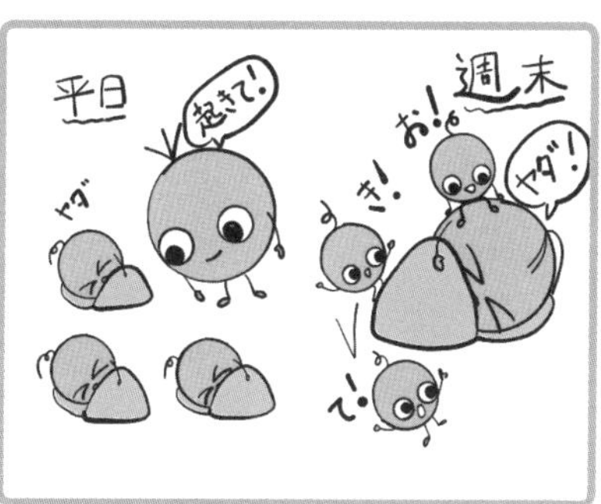

□ 0235

wake

【wéɪk】ゥエイク

動 目覚める

Wake up!
起きて！

□ 0236

drop

【dráp】ジュオップ

動 落とす

I **dropped** my cellphone.
携帯電話を落としちゃった。

STEP1 STEP2 STEP3

☐ 0237

full

【fʊ́l】フル

形 いっぱいの、たっぷりの

I am **full.**

おなかがいっぱい。

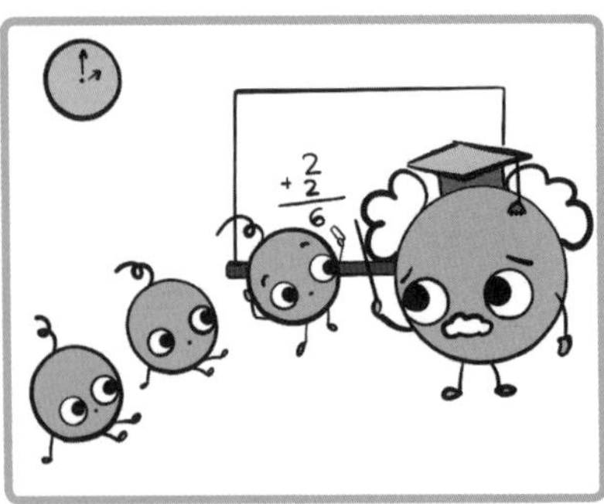

☐ 0238

wrong

【rɔ́ːŋ】ゥローン

形 間違った

The answer is **wrong.**

その答えは間違っています。

☐ 0239

heavy

【hévi】ヘヴィ

形 重い

This watermelon is **heavy.**

このスイカ、重いよ。

□ 0240

same

【séɪm】セーィム

形 同じ

We have the **same** parachute.
私たち、同じパラシュートだ。

□ 0241

angry

【ǽŋgri】ェアングリ

形 怒って

The devil is **angry**.
悪魔は怒っている。

□ 0242

dirty

【də́ːti】ドゥーティ

形 汚れた

Don't eat with **dirty** hands!
汚い手で食べないで！

STEP1 STEP2 STEP3

□ 0243

expensive

【ekspénsɪv】エックスペンスィヴ

形 高価な

That's an **expensive** watch.
それは高い腕時計ですね。

□ 0244

low

【lóʊ】ローゥ

形 低い

My energy level is **low.**
エネルギーレベルが低い。

□ 0245

quick

【kwík】クイック

形 速い

That snail is **quick.**
あのカタツムリ、速い。

□ 0246

usual

【júːʒuəl】ユージュオゥル

形 いつもの

This is the **usual** weather here.
ここではこれがいつもの天気です。

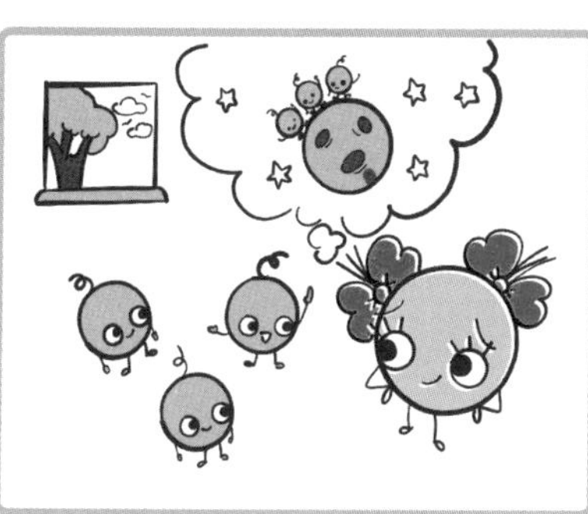

□ 0247

tonight

【tʊnáɪt】トゥナイッ

名 今晩、今夜

Can we go to the moon **tonight**?
今晩、ぼくたち月に行っていい？

□ 0248

o'clock

【əklák】オクラック

副 ～時

I finish work at 6 **o'clock.**
仕事は6時に終わります。

☐ 0249

outside

【àʊtsáɪd】アウッ**サ**イドゥ

名 外側　**形** 屋外の
副 外側に　**前** ～の外に

Let's play **outside**.
外で遊ぼう。

☐ 0250

someday

【sʌ́mdèɪ】**サ**ンムデイ

副 いつか

Someday, I'll be famous.
いつか私は有名になる。

☐ 0251

already

【ɔːlrédi】オーゥルゥ**エ**ディ

副 もう、すでに

You **already** finished eating?
もう食べ終わったの？

□ 0252

would

【(w)əd】ウッドゥ

助 will の過去形

She said she **would** come.
彼女は来ると言っていた。

□ 0253

herself

【(h)ə-sélf】フー**セ**ゥルフ

代 彼女自身

She made it **herself.**
彼女は自分自身で作りました。

□ 0254

himself

【(h)ɪmsélf】ヒンム**セ**ゥルフ

代 彼自身

He injured **himself.**
彼はけがをしました。

□ 0255

see

【síː】スィー

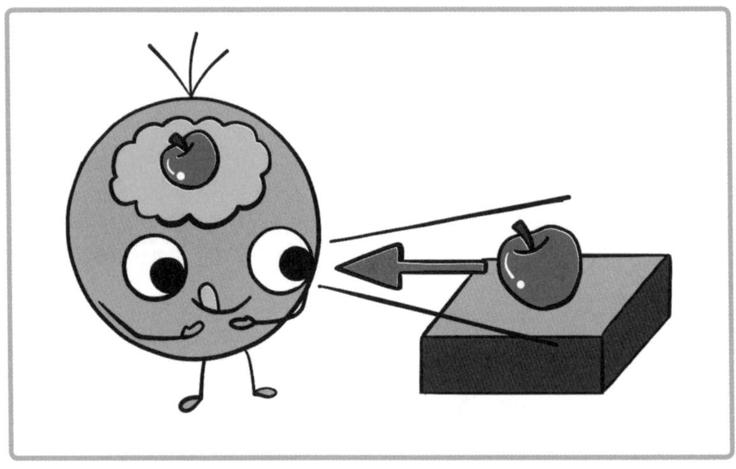

Coreな意味 ▶ 何かが視界に入る

例文

I see an apple on the table.

▶ テーブルの上にりんごがあるのが見える。

I see you, but you don't see me.

▶ 私にはあなたが見えるけれど、あなたには私が見えない。

Let me see.

▶ 見せてごらん。

I see.

▶ なるほど。

You should go see a doctor.

▶ 医者に診てもらったほうがいいよ。

We'll see.

▶ 考えておく。

□ 0256

run

【rʌ́n】ゥラン

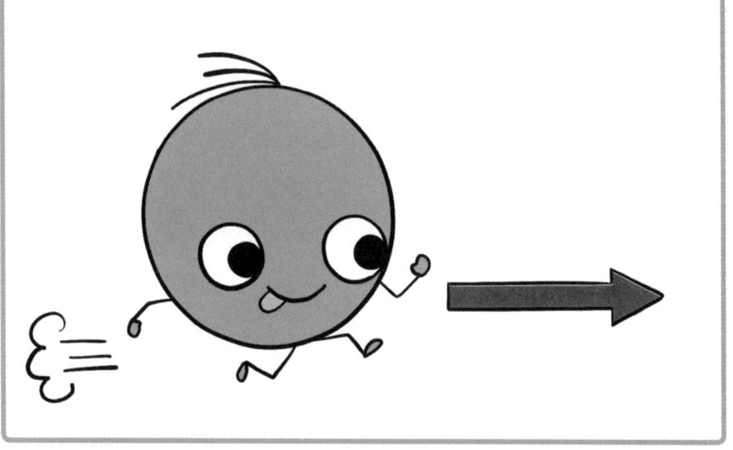

Coreな意味 ある方向に途切れなく動く

例文

I run to school.

▶ぼくは学校まで走る。

Sorry, I have to run.

▶ ごめんね、もう行かないと。

I have to run some errands.

▶ いくつか用事をすませないといけないの。

Pollen makes my nose run.

▶ 花粉で鼻水が出る。

This train only runs every 2 hours.

▶ この電車は2時間ごとにしか走っていないの。

STEP1 STEP2 STEP3

□ 0257

look

【lʊ́k】ルック

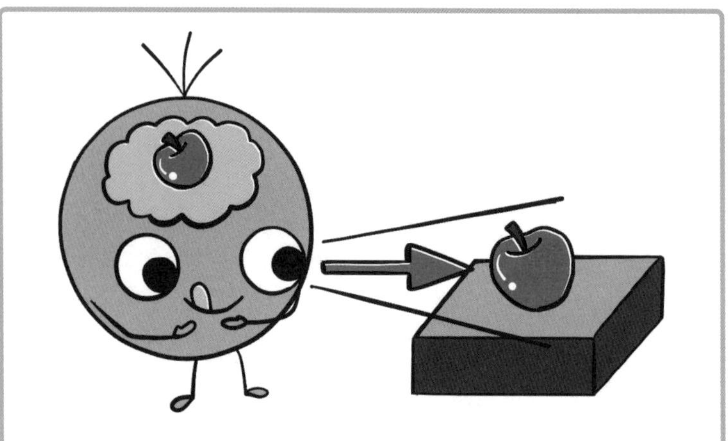

Coreな意味 何かに視線を向ける

例文

I **look** at the apple on the table.

▶ ぼくはテーブルの上にあるりんごを見る。

You **look** really happy.

▶すごくうれしそうだね。

I **looked** everywhere!

▶そこら中探したよ。

Look out!

▶気を付けて！

Can you **look** up the word "serendipity"?

▶"serendipity" という単語を調べてくれる？

STEP1 STEP2 STEP3

□ 0258

get

【gét】ゲットゥ

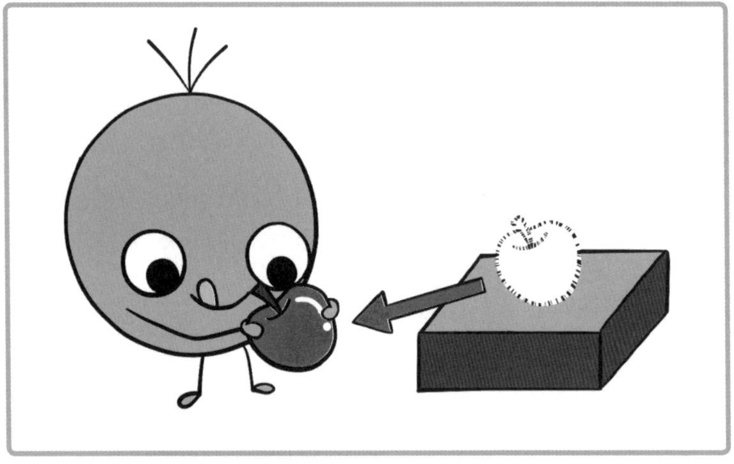

Coreな意味 ある状態を得る

例文

I got the apple.

▶ぼくはりんごを取った。

I got the flu.

▶ インフルエンザにかかってしまった。

Get me out of here!

▶ ここから出して！

When did you **get** home?

▶ いつ帰ってきたの？

Did you **get** it?

▶ わかった？

STEP1
STEP2
STEP3

□ 0259

take

【téɪk】テイク

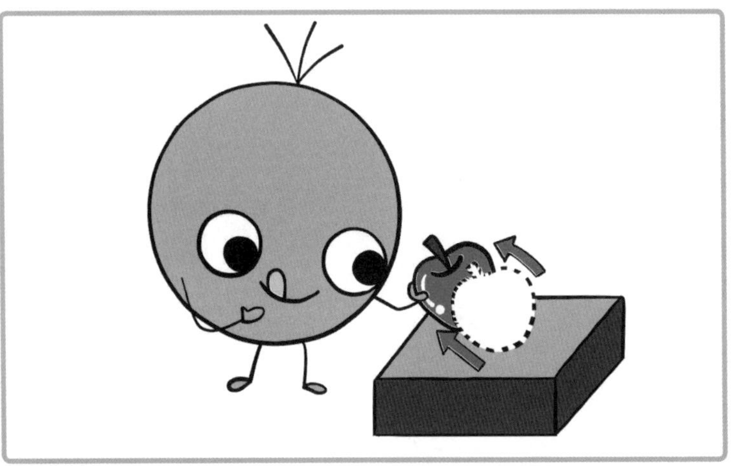

Coreな意味 何かを自分のところに取り入れる

例文

I take the apple.

▶ぼくはりんごを取る。

Let's **take** a walk.

▶ お散歩しよう。

Take it easy.

▶ じゃーね。

It **took** me 10 hours to reach the top.

▶ 頂上まで 10 時間もかかったよ。

Take it or leave it.

▶ これ以上の交渉はしない。

□ 0260

put

【pʊ́t】プットゥ

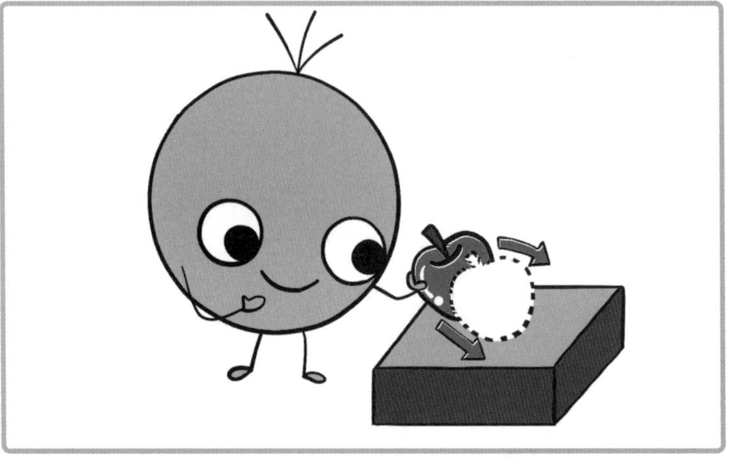

Coreな意味 ▶ 何かをあるところに配置する

例文

I **put** the apple on the table.

▶ぼくはりんごをテーブルの上に置く。

He **put** her through a lot of trouble.

▶ 彼は彼女に散々迷惑をかけた。

Her kindness **put** me at ease.

▶ 彼女の優しさがぼくを安心させた。

You can do anything if you **put** your mind to it.

▶ 専念したら何でも達成できるよ。

Don't **put** too much pressure on yourself.

▶ 自分にプレッシャーをあまりかけないように。

STEP2

中学3年生レベル（英検３級）の単語

0261～0586

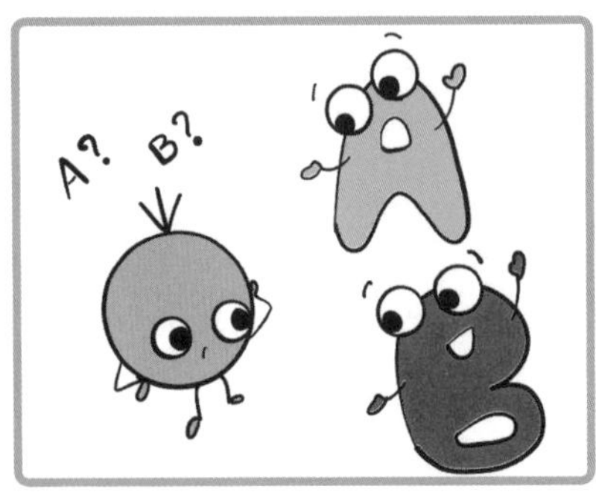

☐ 0261

choose

【tʃúːz】チューズ

動 ～を選ぶ

Which should I **choose**?
どっちを選ぼうかな？

☐ 0262

reach

【ríːtʃ】ゥリーチュ

動 ～に着く、～に届く

He **reached** the top of Mount Fuji.
彼は富士山の山頂にたどり着きました。

☐ 0263

glad

【glǽd】グラーッドゥ

形 満足して、うれしく思う

I'm **glad** you came.
来てくれてうれしいよ。

☐ 0264

headache

【hédèɪk】ヘデイク

名 頭痛、悩みの種

I have a **headache.**

頭が痛い。

☐ 0265

block

【blák】ブロック

名 街区、区画

Walk two **blocks** along the street.

通りに沿って２区画歩いて。

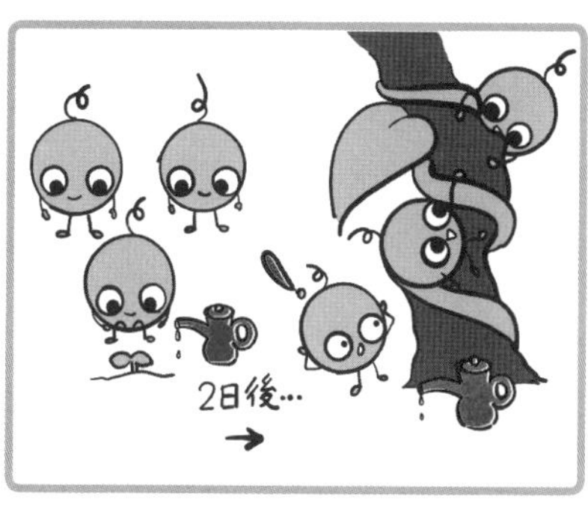

☐ 0266

grow

【gróʊ】グオーゥ

動 育つ、成長する

The plant is **growing.**

その植物は育っています。

☐ 0267

leaf

【líːf】リーフ

名 葉

The beaver is holding a maple **leaf.**

ビーバーはカエデの葉を持っています。

☐ 0268

storm

【stɔ́ɚm】ストーゥム

名 嵐

動 嵐が吹く、～に乱暴に飛び込む

He is walking in the **storm.**

彼は嵐の中、歩いています。

☐ 0269

typhoon

【taɪfúːn】タイフーン

名 台風

The **typhoon** is moving north.

台風は北に向かっています。

□ 0270

promise

【prámɪs】プオーミス

名 約束

I will try, but I'm not making **promises.**

やってみるけれど、約束はしないよ。

□ 0271

stair

【stéɚ】ステーゥ

名（階段の）段

He fell down the **stairs.**

彼は階段から落ちました。

□ 0272

death

【déθ】デッス

名 死

The **death** of her parrot saddened her.

彼女のインコの死は彼女を悲しませました。

STEP1 STEP2 STEP3

☐ 0273

smoke

【smóʊk】スモーゥク

動 喫煙する

名 煙、(たばこなどの)一服

He **smokes** 30 cigarettes per day.

彼はたばこを1日30本吸います。

☐ 0274

pollution

【pəlúːʃən】ポリューシュン

名 汚染

Pollution is bad for Earth.

地球にとって汚染はよくないです。

☐ 0275

health

【hélθ】ヘゥルトゥ

名 健康

Vegetable juice is good for your **health.**

野菜ジュースは健康にいいよ。

☐ 0276

environment

【ɪnváɪ(ə)rə(n)mənt】
エンヴァイゥメントゥ

名 環境、周囲（の状況）

We should protect the **environment.**
私たちは環境を守るべきです。

☐ 0277

forest

【fɔ́ːrəst】フォーゥエストゥ

名 森

This **forest** is scary.
この森、怖いよ。

☐ 0278

climate

【kláɪmət】クライメットゥ

名 気候

Earth has different **climates.**
地球にはいろいろな気候がある。

□ 0279

wild

【wáɪld】ワーイゥルドゥ

形 野生の、気の荒い

A **wild** bear is dangerous.
野生のクマは危険です。

□ 0280

reason

【ríːzn】ゥリーズン

名 理由

What's your **reason** for being late?
遅れた理由は何ですか？

□ 0281

explain

【ekspléɪn】エックスプレーイン

動 説明する

The teacher **explains** the word.
先生は単語を説明します。

□ 0282

heat

【híːt】ヒートゥ

名 暑さ、熱、(温かいものの)温度

I can't stand this **heat**.
この暑さ、耐えられない。

□ 0283

shake

【ʃéɪk】シェイク

動 震える、～を振る

He is **shaking** because he had too much caffeine.
彼はカフェインをとりすぎて震えています。

□ 0284

decide

【dɪsáɪd】ディサイドゥ

動 決める

I can't **decide**.
決められないよ。

□ 0285

travel

【trǽv(ə)l】チュアーヴー

動 旅行する、（乗り物で）行く

I like to **travel.**
ぼくは旅をするのが好きです。

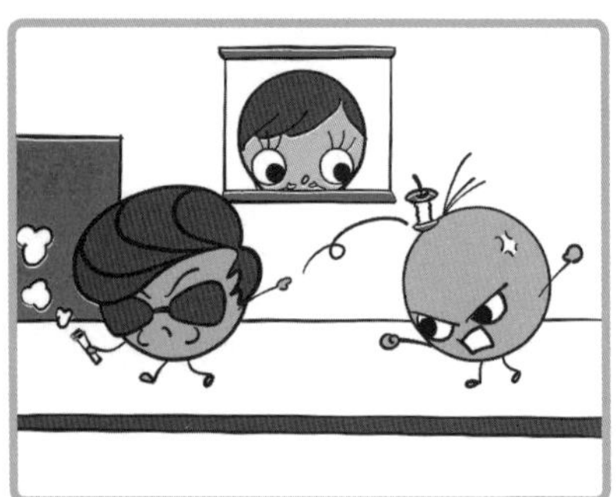

□ 0286

public

【pʌ́blik】パブリック

形 公共の、公衆の、公の

Don't litter in **public** places!
公共の場所でゴミを捨てるな！

□ 0287

local

【lóʊk(ə)l】ロゥコーゥ

形 地元の、地方の、局部的な

This is **local** food.
これは地元の食べ物です。

□ 0288

government

【gʌ́vɚ(n)mənt】**ガ**ヴメントゥ

名 政府

He is the new head of the **government.**

彼は政府の新しい長なんだ。

□ 0289

president

【prézədənt】プ**エ**ズィデントゥ

名 大統領、（会社の）社長

Joe Biden is the **president** of the United States.

ジョー・バイデン氏はアメリカの大統領です。

□ 0290

necessary

【nésəsèri】**ネ**スセゥイ

形 必要な、必然的な

Vegetables are **necessary** for health.

野菜は健康に必要だよ。

□ 0291

exchange

【ekstʃéɪndʒ】エックス**チェ**ーインジュ

動 ～を交換する、～を両替する

名 交換、（情報などの）やりとり

Let's **exchange** email addresses.
メールアドレスを交換しましょう。

□ 0292

statue

【stǽtʃuː】ス**タ**ーチュー

名 像

The **Statue** of Liberty is in New York.
自由の女神像はニューヨークにあります。

□ 0293

national

【nǽʃ(ə)nəl】**ナ**ーシュノーゥ

形 国の、国民の

Christmas is not a **national** holiday in Japan.
日本では、クリスマスは国民の祝日ではありません。

□ 0294

exciting

【eksáɪtɪŋ】エクサイティン

形 ワクワクさせる

Chess is an **exciting** game.
チェスはワクワクさせるゲームです。

□ 0295

pick

【pík】ピック

動 つみとる、精選する、（細長い物で～を）つつく

She **picks** flowers.
彼女は花をつみます。

□ 0296

fact

【fǽkt】ファックトゥ

名 事実、現実

We should believe **facts**, not words.
私たちは言葉ではなく、事実を信じるべきです。

□ 0297

section

【sékʃən】セックシュン

名 部分、区域

This restaurant has a kids **section.**

このレストランはキッズスペースがあります。

□ 0298

important

【ɪmpɔ́ɚtnt】インポーゥテントゥ

形 重要な、大切な

I forgot something **important.**

大事なことを忘れた。

□ 0299

suddenly

【sʌ́dnli】サドゥンリ

副 突然に、急に

Suddenly, it started to rain.

急に雨が降りはじめた。

□ 0300

age

【éɪdʒ】エイジュ

名 年齢、時代、時期
動 年を取る、熟成する

The **age** of this tree is one thousand years.
この木の樹齢は 1000 年だ。

□ 0301

wide

【wáɪd】ワーイドゥ

副 十分に、広い範囲に
形 幅が広い、大きく開いた

Open **wide**!
大きく開けて！

□ 0302

century

【séntʃ(ə)ri】センチュイー

名 世紀

This is how children communicate in the 21st **century**.
21 世紀では子どもたちはこのように会話をします。

STEP1 STEP2 STEP3

□ 0303

generation

【dʒènəréɪʃən】ジェヌゥエーイシュン

名 世代、同世代の人、一世代

This is the next-**generation** robot.

これは次世代のロボットです。

□ 0304

judge

【dʒʌ́dʒ】ジャッジュ

動 評価する、判断する

名 審査員、裁判官

The **judges judged** the contestant.

審査員たちは出場者を評価しました。

□ 0305

sadness

【sǽdnəs】サーッドゥネス

名 悲しさ、悲しみ

He feels **sadness** because his girlfriend left him.

彼女と別れたので彼は悲しみを感じる。

□ 0306

midnight

【mídnàɪt】ミッナイッ

名 夜の 12 時、真夜中

I must go home before **midnight.**
12 時までに家に帰らなければならないの。

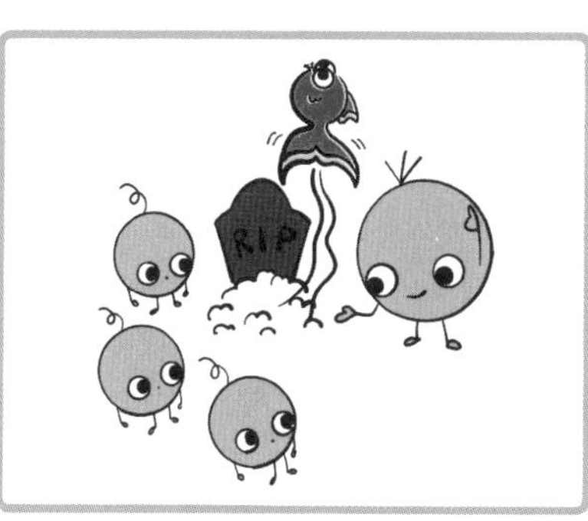

□ 0307

die

【dáɪ】ダーイ

動 死ぬ

What happens to a fish when it **dies**?
お魚は死んだらどうなるの？

□ 0308

offer

【ɔ́ːfɚ】オアーフー

動 ～を提供する、申し出る

Bees **offer** honey.
ハチははちみつを提供する。

STEP1 STEP2 STEP3

□ 0309

ahead

【əhéd】アヘッドゥ

副 前方に、これから先に

Go **ahead**!

先へ進め！

□ 0310

impress

【ɪmprés】インプエス

動 (人を) 感動させる、(人に) いい印象を与える

He tries to **impress** her.

彼は彼女にいい印象を与えようとする。

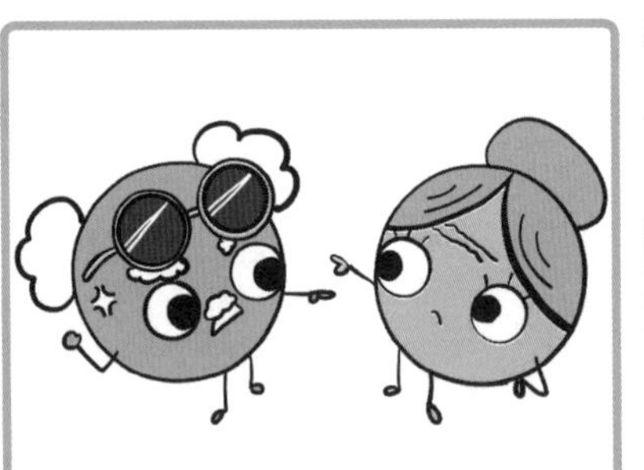

□ 0311

steal

【stíːl】スティーゥル

動 盗む

You **stole** my glasses!

メガネを盗んだだろ！

□ 0312

enemy

【énəmi】エヌミー

名 敵

Destroy the **enemies**!

敵を滅ぼせ！

□ 0313

pleasure

【pléʒɚ】プレジュー

名 楽しみ、喜び

My **pleasure**.

どういたしまして。

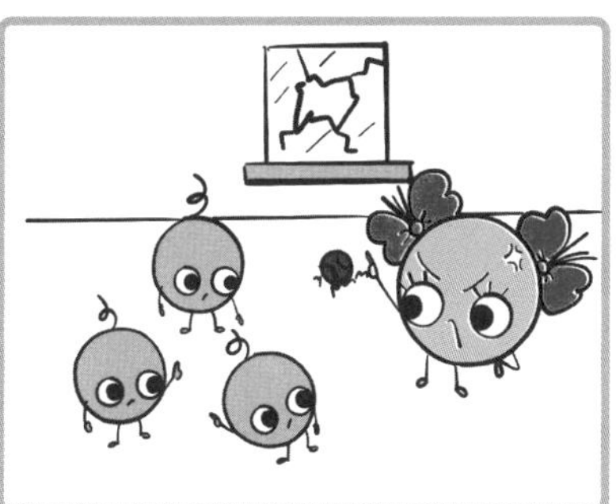

□ 0314

break

【bréɪk】ブエーィク

動 壊す、折る

Who **broke** the window?

窓を割ったのはだれ？

☐ 0315

freedom

【fríːdəm】フイードゥンム

名 自由

Birds love **freedom.**

鳥は自由が大好き。

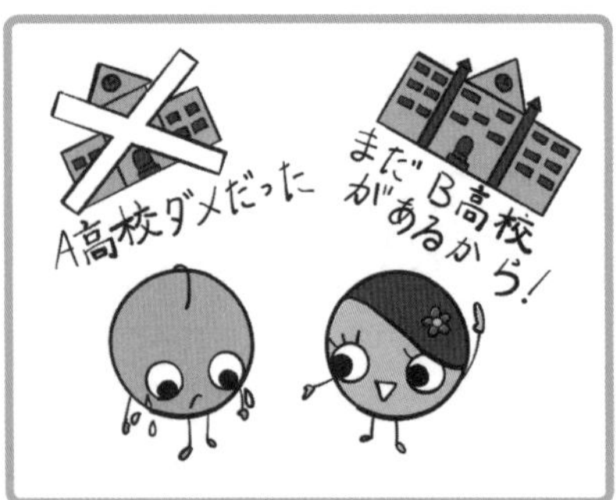
A高校ダメだった
まだB高校があるから!

☐ 0316

cheer

【tʃíɚ】チーゥ

動 元気づける、応援する

She **cheers** him up.

彼女は彼を元気づけます。

$&%X!
やー!

☐ 0317

greet

【gríːt】グイートゥ

動 あいさつする、出迎える

They **greet** each other.

彼らはあいさつをします。

□ 0318

oversleep

【òʊvɚslíːp】オゥヴスリープ

動 寝過ごす

He **overslept**.
彼は寝過ごしました。

□ 0319

smell

【smél】スメゥル

動 匂いがする、〜を嗅ぐ
名 匂い

His foot **smells** bad.
彼の足は臭いです。

□ 0320

garbage

【gáɚbɪdʒ】ガーゥベッジュ

名 生ごみ、がらくた

The **garbage** smells bad.
生ごみが臭い。

☐ 0321

cheap

【tʃíːp】チープ

形 安価な、(人が) けちな

This sofa is so **cheap**!

このソファ、安い!

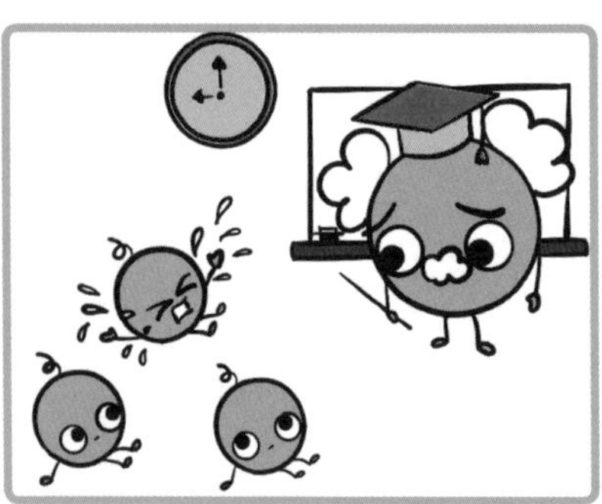

☐ 0322

beginning

【bəgínɪŋ】ビギニン

名 はじめ、はじまり、発端、起源

He always cries at the **beginning** of class.

授業のはじめ、彼はいつも泣きます。

☐ 0323

experience

【ekspí(ə)riəns】エックスピゥイエンス

名 経験

People should learn from **experience**.

人々は経験から学ぶべきです。

□ 0324

prepare

【prɪpéɚ】プイペーゥ

動 準備する、整える

The children **prepare** breakfast.
子どもたちは朝食を準備しています。

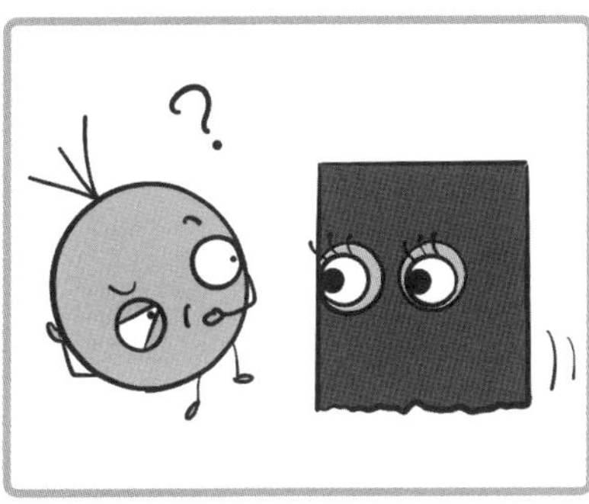

□ 0325

guess

【gés】ゲッス

動 言い当てる、推測する

Guess who I am!
だれか当ててみて！

□ 0326

even

【íːv(ə)n】イーヴン

副 ～でさえも、～ですら

He works every day, **even** on holidays.
彼は毎日働きます、休日でさえも。

□ 0327

question

【kwéstʃən】クエスチュン

名 質問

動 ～に質問する、～を疑問に思う

I have a **question.**

質問があります。

□ 0328

sentence

【séntəns】セントゥンス

名 文、判決

動 ～に判決を下す

Can you say that in one **sentence**?

それ、一言で言えない？

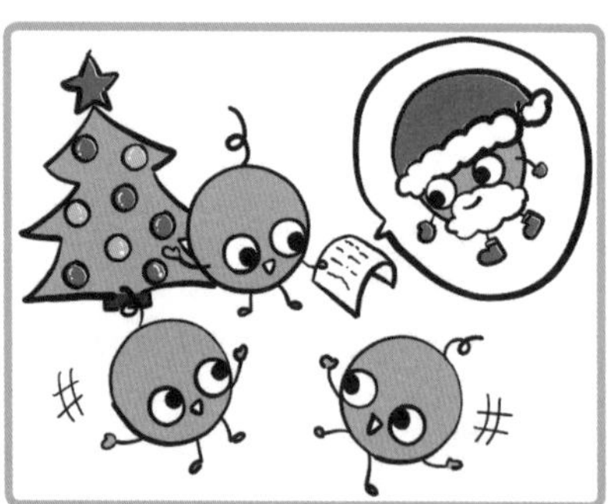

□ 0329

receive

【rɪsíːv】ゥイスィーヴ

動 受け取る

I **received** a letter from Santa Claus!

サンタさんからの手紙を受け取った！

□ 0330

seem

【síːm】スィーム

動 ～のように見える、～のようだ

You **seem** confused.
混乱しているようだね。

□ 0331

difference

【díf(ə)rəns】ディフエンス

名 違い、差

What's the **difference**?
どう違うの？

□ 0332

clever

【klévɚ】クレヴー

形 賢い、利口な

The dog is not very **clever**.
ワンちゃん、あまり賢くないね。

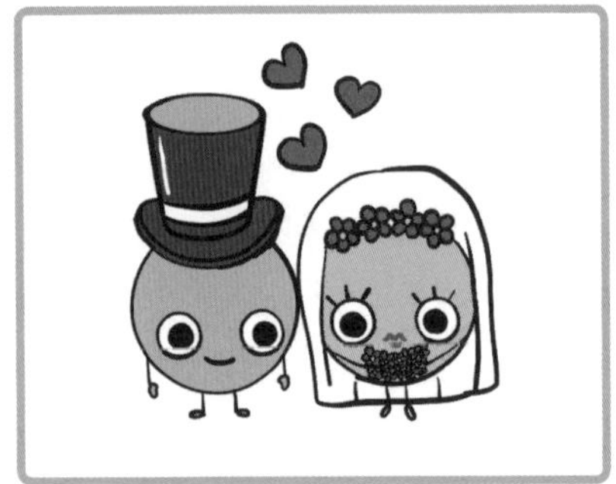

□ 0333 □ 0334

wife / husband

【wáɪf】ワイフ / 【hʌ́zbənd】ハズベンドゥ

名 妻／夫

They are **husband** and **wife**.
彼らは夫婦です。

□ 0335

greeting

【gríːtɪŋ】グイーティン

名 出迎えること、あいさつ

His **greeting** is polite.
彼のあいさつは丁寧だ。

□ 0336

difficulty

【dífɪkʌ̀lti】ディフィコゥルティ

名 困難、難しいこと、（目標達成のための）苦労

I have **difficulty** breathing.
呼吸がしづらいです。

□ 0337

expression

【ekspréʃən】エックスプ**エ**ッシュン

名 表情、顔つき、言い回し

That's a scary facial **expression.**
その表情、怖いよ。

□ 0338

unfortunately

【ʌ̀nfɔ́ɚtʃ(ʊ)nətli】
アン**フォ**ーチュヌトゥリ

副 残念ながら、不運にも

Unfortunately, I can't attend the party.
残念ながら、パーティーに参加できないの。

□ 0339

huge

【hjúːdʒ】**ヒュ**ージュ

形 巨大な、大量の

This sumo wrestler is **huge.**
この力士は巨大だ。

STEP1 STEP2 STEP3

□ 0340

fight

【fáɪt】ファイトゥ

動 けんかする

名 戦い、口げんか、闘争心

Stop **fighting**!

けんかをやめなさい！

□ 0341

traditional

【trədíʃ(ə)nəl】チュアディシュノー

形 伝統的な、昔ながらの

Traditional Hawaiian dancers are performing.

ハワイの伝統的なダンサーがおどっている。

□ 0342

scared

【skéɚd】スケーゥドゥ

形 おびえた、怖がる

He is **scared** of ghosts.

彼は幽霊が怖いです。

□ 0343

sightseeing

【sáɪtsìːɪŋ】サイッスィーイン

名 観光

They are doing some **sightseeing** in Paris.

彼らはパリで観光をしています。

□ 0344

overseas

【òʊvɚsíːz】オゥヴスィーズ

副 海外に

形 海外の

We ship **overseas.**

我々は海外発送できます。

□ 0345

thick

【θík】ティック

形 （物の層が）厚い、（気体や液体が）どんよりした、（液体が）どろどろとした

That's a **thick** book.

それは分厚い本です。

□ 0346

friendship

【frén(d)ʃip】フ**エ**ンシップ

名 友情

Friendship is precious.
友情は大切。

□ 0347

neighborhood

【néɪbɚhʊ̀d】**ネ**イブフッドゥ

名 近所、近所の人、(都市・町の中の一つの)地域

This is a friendly **neighborhood.**
この近所の人たちはみんな、やさしい。

□ 0348

daily

【déɪli】**デ**ーイリ

形 毎日の、日常の
副 日々、常に

This is my **daily** routine.
これは毎日の習慣です。

□ 0349

sight

【sáɪt】サイットゥ

名 視力、見ること、景色

My grandfather is losing his **sight**.

私の祖父は視力が弱っている。

□ 0350

fail

【féɪl】フェーイゥル

動 失敗する、(義務などを)怠る、(試験など)に落ちる

He **failed** the test.

彼は試験に落ちた。

□ 0351

climb

【kláɪm】クラーインム

動 上る、登る

He **climbs** the ladder.

彼ははしごを登ります。

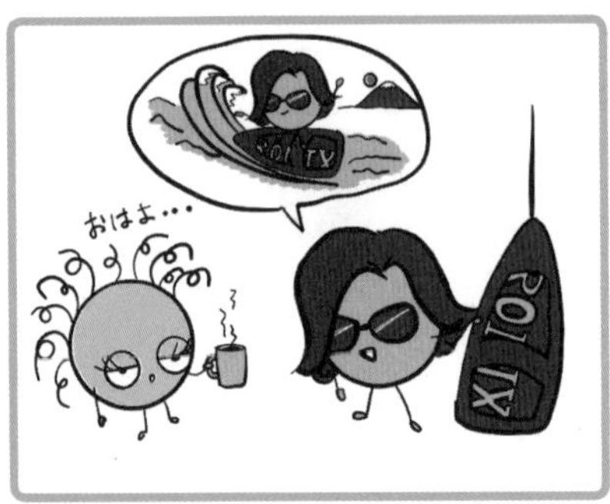

□ 0352

while

【(h)wáɪl】ウワーイル

接 ～の間ずっと
名 少しの時間

I went surfing **while** you were sleeping.
君が寝ている間、サーフィンしてきたよ。

□ 0353

ceiling

【síːlɪŋ】スィーリン

名 天井

There's a spider on the **ceiling**.
天井にクモがいるよ。

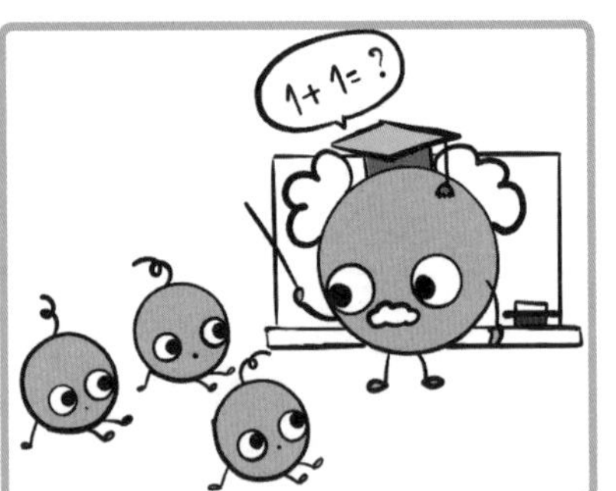

□ 0354

anyone

【éniwʌ̀n】エニゥワン

代 （疑問文で）だれか、（否定文で）だれも、（肯定文で）だれでも

Does **anyone** know the answer?
だれか答えを知っている？

Family 家族

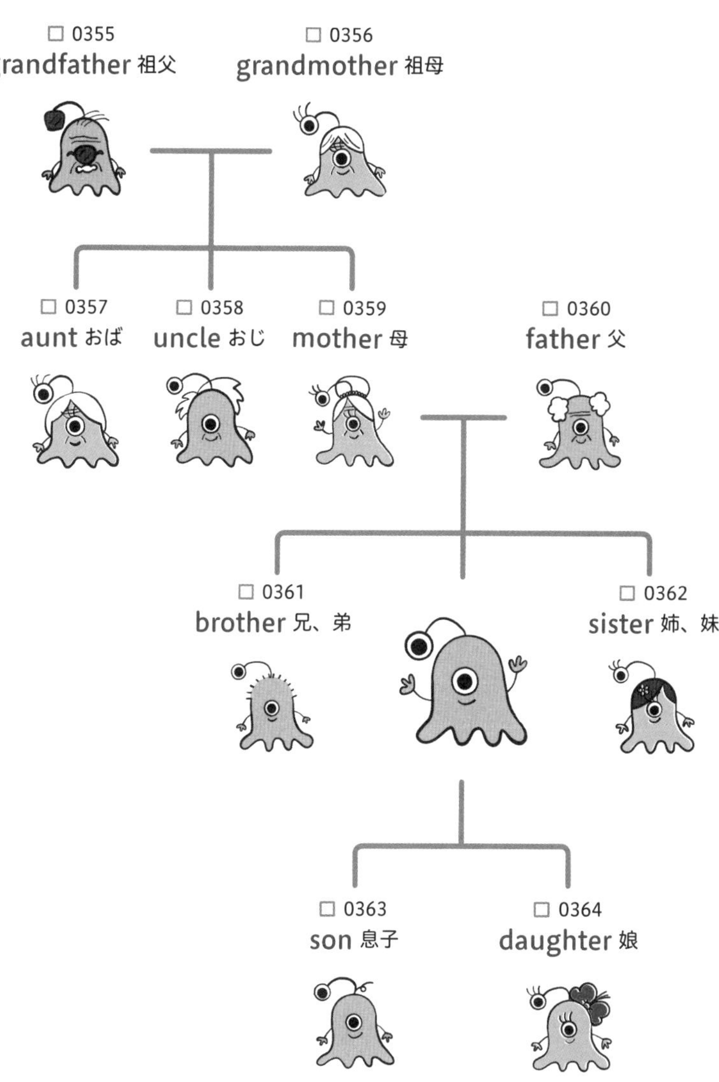

STEP1
STEP2
STEP3

☐ 0365

shine

【ʃáɪn】シャーイン

動 輝く、光る

The sun is **shining.**
太陽が輝いています。

☐ 0366

child

【tʃáɪld】チャーイゥルドゥ

名 子ども

My **child** is learning violin.
うちの子はバイオリンを習っています。

☐ 0367

straight

【stréɪt】スチュエーィトゥ

副 まっすぐに
形 まっすぐな

He can't walk **straight.**
彼はまっすぐ歩けません。

□ 0368

bright

【bráɪt】ブアーイトゥ

形 まぶしい、明るい、(色が)鮮やかな、輝かしい

The sun is too **bright**.

太陽がまぶしい。

□ 0369

tight

【táɪt】タイトゥ

形 (衣服などが) きつい、(ひもなどが) ピンと張った

Her corset is too **tight**.

彼女のコルセットはきつすぎる。

□ 0370

opinion

【əpínjən】オピニゥン

名 意見

She has strong **opinions**.

彼女ははっきりした意見を持っています。

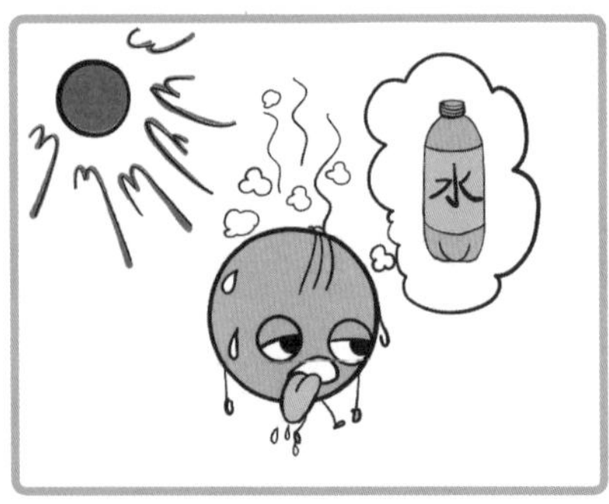

☐ 0371

thirsty

【θə́ːsti】 **トゥ**ースティ

形 のどがかわいた

He is so **thirsty**.

彼はものすごくのどがかわいています。

☐ 0372

raise

【réɪz】 ゥ**レ**ーイズ

動 上げる、挙げる

Raise your hand if you know the answer.

答えがわかったら手を挙げて。

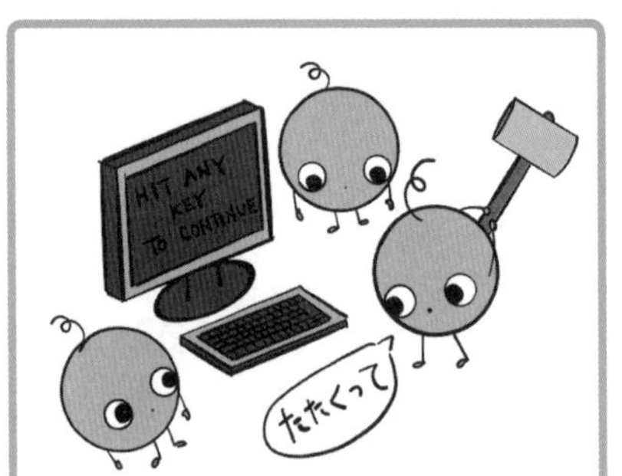

☐ 0373

continue

【kəntínjuː】 クン**ティ**ニュー

動 続ける、続く

Hit any key to **continue**.

続けるにはどれかキーを押してください。

☐ 0374

noisy

【nɔ́ɪzi】ノイズィ

形 うるさい、騒音を出す

The kids are too **noisy**.
子どもたちはうるさすぎる。

☐ 0375

alive

【əláɪv】アライヴ

形 生きていて、生き生きとして

It's **alive**!
生きている！

☐ 0376

injure

【índʒɚ】インジューア

動 傷つける、けがをさせる

He **injured** himself.
彼はけがをしました。

STEP1 STEP2 STEP3

□ 0377

pain

【péɪn】ペーイン

名 痛み、苦痛、不快な人・こと・もの

動 ～に痛みを与える

I have **pain** in the back.

背中が痛い。

□ 0378

hurt

【hə́ːrt】フートゥ

動 痛む、～を傷つける

My stomach **hurts.**

おなかが痛い。

□ 0379

escape

【eskéɪp】エスケーイプ

動 逃げる、自由になる

The mosquito **escapes.**

蚊が逃げる。

☐ 0380

fold

【fóʊld】フォーゥルドゥ

動 折る、折りたたむ
名 折ること、折り目

He **folds** paper.
彼は紙を折ります。

☐ 0381

solve

【sάlv】ソルヴ

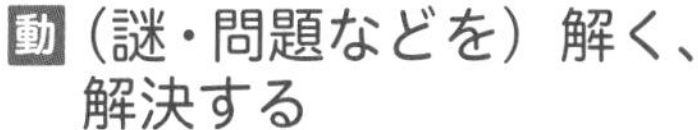

動 (謎・問題などを) 解く、解決する

The detective **solved** the mystery.
探偵はミステリーを解きました。

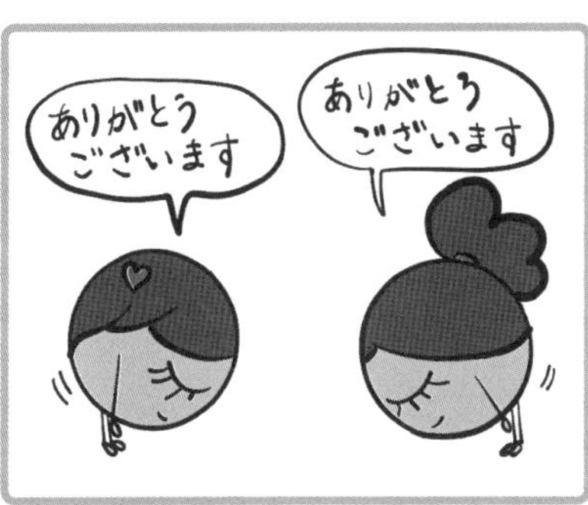

☐ 0382

polite

【pəláɪt】プラーイトゥ

形 丁寧な、礼儀正しい

Japanese people are generally **polite**.
日本人は一般的に丁寧です。

☐ 0383

realize

【ríːəlàɪz】**ウィ**アライズ

動 ～に気づく、～を自覚する、～を現実化する

He **realized** he was in the women's bathroom.

彼は女性用お手洗いにいることに気づいた。

☐ 0384

island

【áɪlənd】**ア**イレンドゥ

名 島

He is on an **island**.

彼は島にいます。

☐ 0385

asleep

【əslíːp】アス**リ**ープ

形 眠って（いる状態の）、（手や足が）しびれて

The dog is **asleep**.

犬は寝ています。

□ 0386

half

【hæf】ハーフ

名 半分
形 半分の

Do you want **half**?
半分ほしい？

□ 0387

believe

【bəlíːv】ビリーヴ

動 信じる

He **believes** in himself.
彼は自分自身を信じています。

□ 0388

hole

【hóʊl】ホーゥル

名 穴、巣穴

There is a squirrel in the **hole**.
穴の中にリスがいるよ。

□ 0389

deliver

【dɪlívɚ】デリヴー

動 届ける、(演説を) する

The stork **delivers** the baby.

コウノトリが赤ちゃんを配達します。

□ 0390

kill

【kíl】キゥル

動 殺す

Don't **kill** it!

それを殺さないで!

□ 0391

land

【lǽnd】ラーンドゥ

名 土地、陸地

動 上陸する、着陸する

This is my **land**!

これはぼくの土地だ!

□ 0392

pull

【púl】プル

動 ～を引く、引っ張る

You have to **pull**, not push.
押すのではなく、引くんだよ。

□ 0393

few

【fjúː】フュー

形 少ない、わずかの
代 少数（の人・物）

I have a **few** coins.
小銭、いくつかはあるよ。

□ 0394

billion

【bíljən】ビリゥン

名 10 億

She won one **billion** dollars in the lottery.
彼女は宝くじで 10 億ドル当たりました。

□ 0395

follow

【fáloʊ】ファーロゥ

動 ～の後について行く、～に続く

The dog **follows** him.
犬は彼についていきます。

□ 0396

dangerous

【déɪndʒ(ə)rəs】デインジュアス

形 危険な、危険を伴う

This flower looks **dangerous**.
この花、危険そう。

□ 0397

hallway

【hɔ́lwèɪ】ホアーゥルウェイ

名 廊下

Don't run in the **hallway**!
廊下を走るな！

☐ 0398

temperature

【témp(ə)rətʃʊ̀ɚ】テンプァチュー

名 体温、気温、（物・気体・液体などの）温度

What's the **temperature** there?
そこ、何度？

☐ 0399

fever

【fíːvɚ】フィーヴー

名 発熱

He has a high **fever.**
彼は高い熱がある。

☐ 0400

culture

【kʌ́ltʃɚ】カウルチュー

名 文化

I love Japanese **culture.**
ぼくは日本の文化が大好きです。

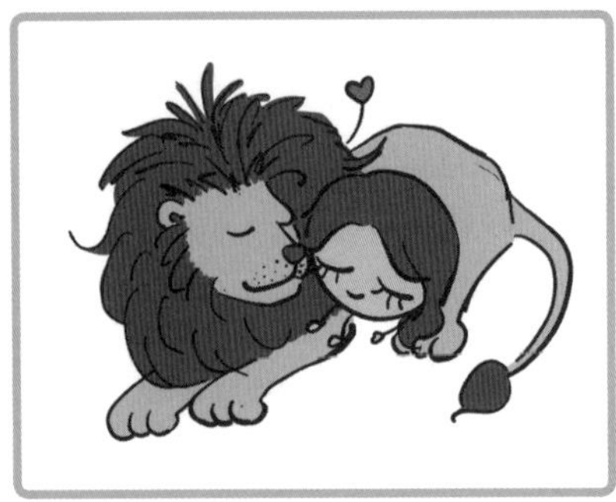

☐ 0401

male

【méɪl】メーイゥル

形 男性の、雄の
名 雄

She hugs the **male** lion.
彼女はオスライオンをハグします。

☐ 0402

female

【fíːmeɪl】フィーメイゥル

形 女性の、雌の
名 雌

This is a **female** character.
これは女性キャラクターだよ。

☐ 0403

human

【hjúːmən】ヒュームン

名 人、人間
形 人間の、人間に関する

Humans are interesting.
人間は興味深い。

☐ 0404

someone

【sʌ́mwʌ̀n】サンムゥワン

代 だれか

Did **someone** say “cookie”?
だれか「クッキー」と言った？

☐ 0405

comfortable

【kʌ́mfɚtəbl】カンフトゥブー

形 心地いい、(～に対して) 安心している

The hammock is **comfortable.**
ハンモックは寝心地がいい。

☐ 0406

familiar

【fəmíljɚ】ファミリウー

形 見覚えのある、親しみがある

Your face looks **familiar.**
あなたのお顔に見覚えがあるのですが。

□ 0407

cry

【kràɪ】クアーイ

動 泣く

Don't **cry.**

泣かないで。

□ 0408

memory

【mém(ə)ri】メムリー

名 記憶力、記憶、思い出

I have a bad **memory.**

ぼくはもの覚えが悪い。

□ 0409

almost

【ɔ́ːlmoʊst】オーゥルモウストゥ

副 もう少しで、～しそうになる

I'm **almost** there.

あと少し。

□ 0410

illness

【ílnəs】イゥルネス

名 病気

He has a mental **illness.**

彼には心の病気がある。

□ 0411

finally

【fáɪnəli】ファーイヌリ

副 やっと、ついに

Spring is **finally** here!

やっと春だ！

□ 0412

since

【síns】スィンス

前 ～以来ずっと

副 その後　接 ～して以来

He's been crying **since** this morning.

彼、今朝から泣いているよ。

□ 0413

narrow

【nǽroʊ】ナーゥロゥ

形 （幅・面積などが）狭い
動 狭くする、狭める

This backstreet is **narrow.**
この裏道、狭いね。

□ 0414

hill

【híl】ヒゥル

名 丘、（道路の）坂

He runs down the **hill.**
彼は走って丘を下ります。

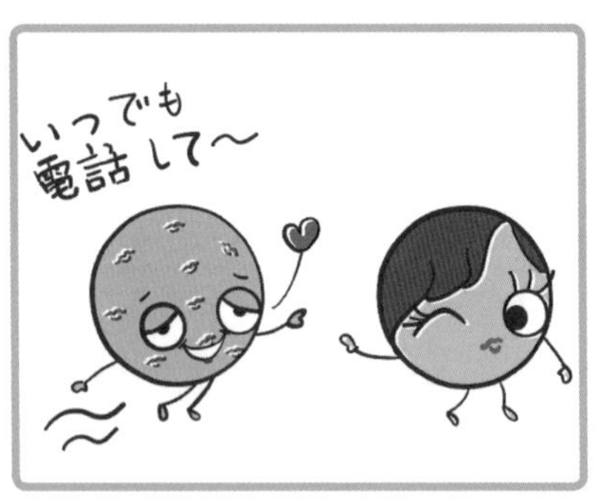

□ 0415

anytime

【énitaɪm】エニタインム

副 いつでも
接 〜するときはいつでも

Call me **anytime**, day or night.
昼でも夜でも好きなときに電話して。

□ 0416

fine

【fáɪn】ファイン

形 いい、結構な、立派な、（天候が）晴れた

Any place is **fine.**

どこでもいいよ。

□ 0417

alone

【əlóʊn】アローゥン

形 孤立した、単独の、唯一の

副 単独で

The alien lives **alone.**

その宇宙人は１人で暮らしています。

□ 0418

lonely

【lóʊnli】ローゥンリ

形 （人・状況などが）孤独な、（人の心が）寂しい、心細い

I feel so **lonely.**

ぼく、とても寂しい。

□ 0419

elderly

【éldɚli】エゥドゥリ

形 年配の

The **elderly** man is skateboarding.
年配の男性はスケボーをしています。

□ 0420

line

【láɪn】ライン

名 列、直線、（電話などの）回線

I hate waiting in **line**.
列に並んで待つのが嫌いだ。

□ 0421

danger

【déɪndʒɚ】デインジュー

名 危険、危険性

The road is a **danger** for hikers.
ハイキングする人にとってその道路は危険。

□ 0422

celebrate

【séləbrèɪt】セレブエイトゥ

動 祝う

She **celebrated** her birthday.
彼女は誕生日を祝いました。

□ 0423

funny

【fʌ́ni】ファニー

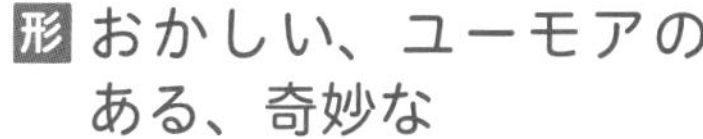

形 おかしい、ユーモアの
ある、奇妙な

That's too **funny**!
笑える！

□ 0424

sunrise

【sʌ́nràɪz】サンゥライズ

名 日の出

They enjoy the first **sunrise** of the year.
彼らは初日の出を楽しんでいます。

□ 0425

sunset

【sʌ́nsèt】サンセットゥ

名 日没、夕日、夕焼け

We must go home before **sunset.**
日没までに帰らなくては。

□ 0426

hunt

【hʌ́nt】ハントゥ

動 捜す、（獲物を）狩る
名 狩り、探求、捜索

The pirate **hunts** for treasure.
海賊は宝物を探します。

□ 0427

everywhere

【évri(h)wèɚ】エヴイゥエーゥ

副 どこでも、どこにも、所かまわず

There are fairies **everywhere.**
いたるところに妖精がいます。

□ 0428

continent

【kántənənt】コァーンティネントゥ

名 大陸

Africa and Australia are **continents.**

アフリカとオーストラリアは大陸です。

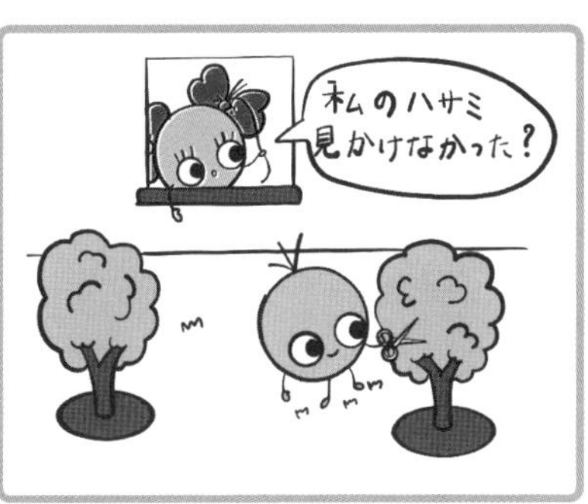

□ 0429

scissors

【sízɚz】スィズーズ

名 はさみ

Have you seen my **scissors**?

私のはさみ見かけなかった？

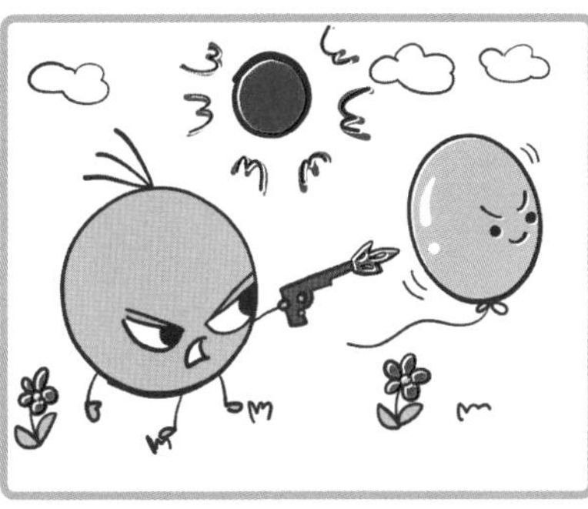

□ 0430

central

【séntrəl】センチュオー

形 中心の、中央の、主要な、重要な

He aims at the **central** part of the balloon.

彼は風船の中央を狙います。

STEP1 STEP2 STEP3

□ 0431

hide

【háɪd】ハイドゥ

動 隠れる、隠す、非表示にする

They are **hiding.**
彼らは隠れています。

□ 0432

knock

【nák】ノック

動 トントンたたく、強打する

He is **knocking** on the door.
彼はドアをたたいています。

□ 0433

anyway

【éniwèɪ】エニゥエーイ

副 とにかく、一応、意地でも

It was raining, but we went to the park **anyway.**
雨が降っていたけど、ぼくたちはとにかく公園に行った。

□ 0434

produce

【prəd(j)úːs】プオデュース

動 生産する、生み出す、制作する

They **produce** robots.
彼らはロボットを生産します。

□ 0435

meal

【míːl】ミーゥル

名 食事

I have one **meal** a day.
私は１日１食です。

□ 0436

whole

【hóʊl】ホーゥル

副 丸ごと、完全に
名 全部、全体
形 すべてを含んだ

He wants to eat the **whole** watermelon.
彼はスイカを丸ごと食べたいと思っています。

STEP1 STEP2 STEP3

□ 0437

broken

【bróʊk(ə)n】ブオーゥキン

形 壊れた、故障した

The blender is **broken.**

ミキサーが壊れています。

□ 0438

hang

【hǽŋ】ハーング

動 ぶら下がる、(物を～に)掛ける

The monkey **hangs** on the branch.

サルは枝にぶら下がっています。

□ 0439

peace

【píːs】ピース

名 平和、(心や精神の)安らぎ

We wish for world **peace.**

我々は世界平和を願います。

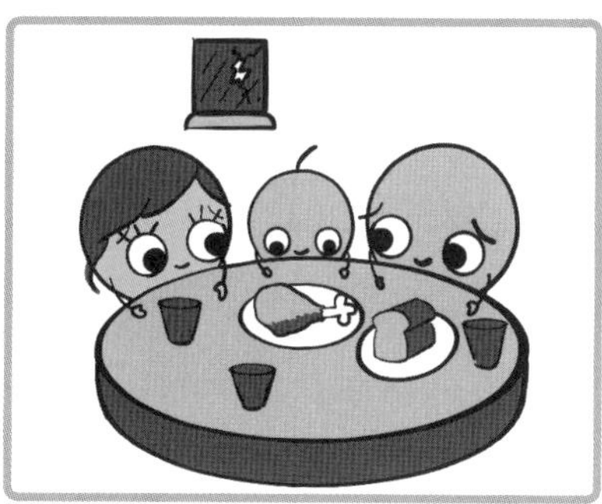

□ 0440

poor

【púə】ポーァ

形 貧乏な、かわいそうな、（質や価値などが）不十分な

He comes from a **poor** family.
彼は貧しい家庭の出である。

□ 0441

flag

【flǽg】フラーグ

名 旗

He is holding the **flag** of Japan.
彼は日本の国旗を持っています。

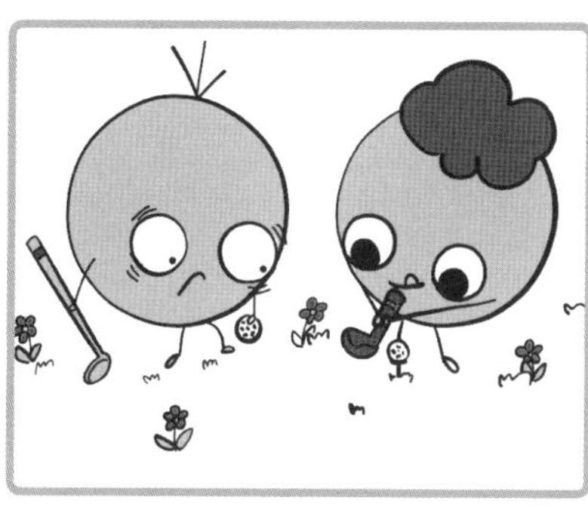

□ 0442

short

【ʃɔ́ət】ショーゥトゥ

形 短い、背が低い、手短な

That's a **short** golf club.
ずいぶんと短いクラブだね。

□ 0443

cross

【krɔ́ːs】クォース

動 渡る、～を交差させる
名 十字架

The ducks are **crossing** the street.
アヒルたちは道路を渡っています。

□ 0444

protect

【prətékt】プオテクトゥ

動 守る

I will **protect** you.
ぼくが君を守ってあげるよ。

□ 0445

aloud

【əláʊd】アラーゥドゥ

副 声を出して、声に出して

The boy is reading the book **aloud.**
男の子は本を音読しています。

□ 0446

discover

【dɪskʌ́vɚ】ディスカヴー

動 発見する

He **discovered** a new species.
彼は新種を発見しました。

□ 0447

if

【íf】イッフ

接 もし～ならば、～の場合

If you get sick, we all get sick.
君が病気になったら、みんな病気になるよ。

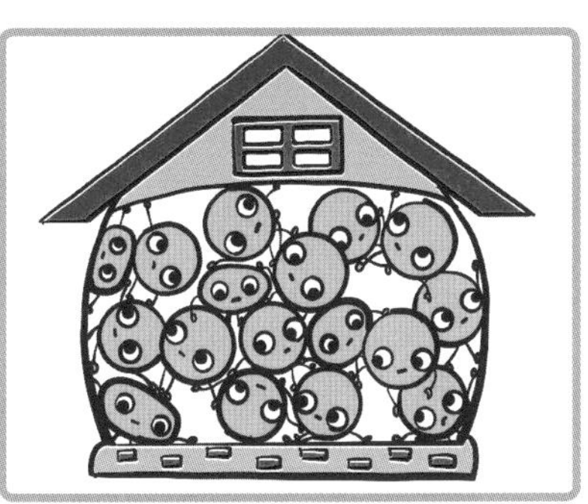

□ 0448

crowded

【kráʊdɪd】クワゥデッドゥ

形 混雑した、混み合った

This house is **crowded.**
この家は混んでいます。

□ 0449

department store

【dɪpάɚtmənt stɔ́ɚ】

ディ**パ**ゥトゥメン ス**ト**ーァ

名 デパート

They go to the **department store.**

彼女たちはデパートへ行きます。

□ 0450

appear

【əpíɚ】 ア**ピ**ーゥ

動 現れる、～のように見える、～と思われる

The genie **appears** from the lamp.

魔法のランプから魔神が現れる。

□ 0451

disappear

【dìsəpíɚ】 ディサ**ピ**ーゥ

動 消える、存在しなくなる

The cake **disappeared**!

ケーキが消えた！

□ 0452

smart

【smáɚt】スマーゥトゥ

形 賢い、(機器が) ハイテクの

That girl is **smart**.
その女の子は頭がいいです。

□ 0453

expect

【ekspékt】エックスペックトゥ

動 (〜が当然起きるだろうと) 期待する、待つ

She **expects** to win tomorrow.
彼女は明日、勝つつもりでいます。

□ 0454

spend

【spénd】スペンドゥ

動 (金を) 使う、(時間を) 費やす、〜して過ごす

He **spends** too much money.
彼はお金を使いすぎます。

☐ 0455

nephew

【néfjuː】ネフュー

名 甥

My **nephew** is tall.
私の甥は背が高い。

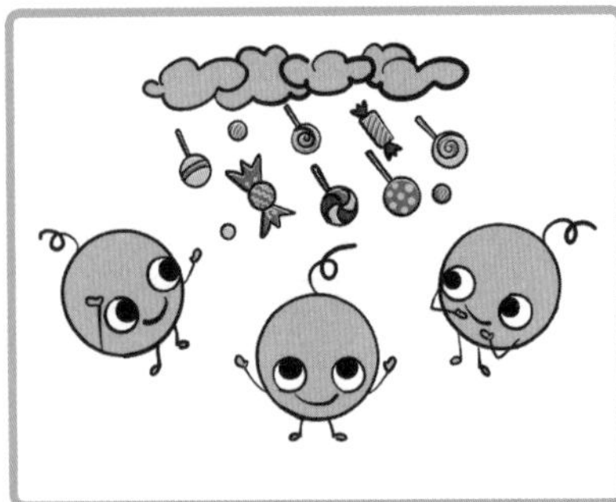

☐ 0456

imagine

【ɪmǽdʒɪn】イマージン

動 想像する

Imagine a world where candy rains.
キャンディが降ってくる世界を想像してごらん。

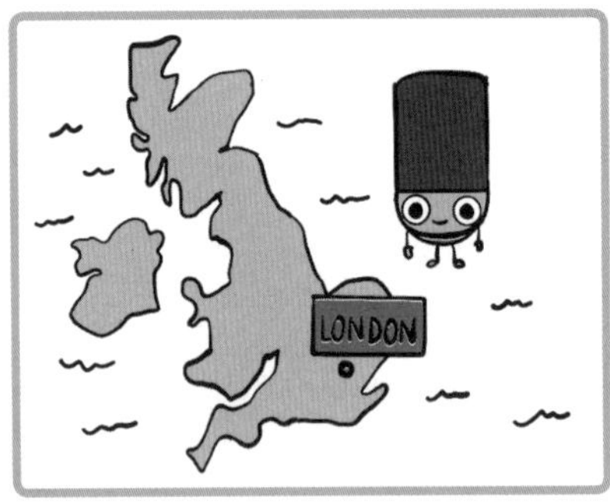

☐ 0457

capital

【kǽpətl】キャーピトーゥ

名 首都、資金
形 極めて重大な、首都の

London is the **capital** of England.
ロンドンはイングランドの首都です。

☐ 0458

grass

【grǽs】グアース

名 草、芝生

Sheep eat **grass**.
羊は草を食べます。

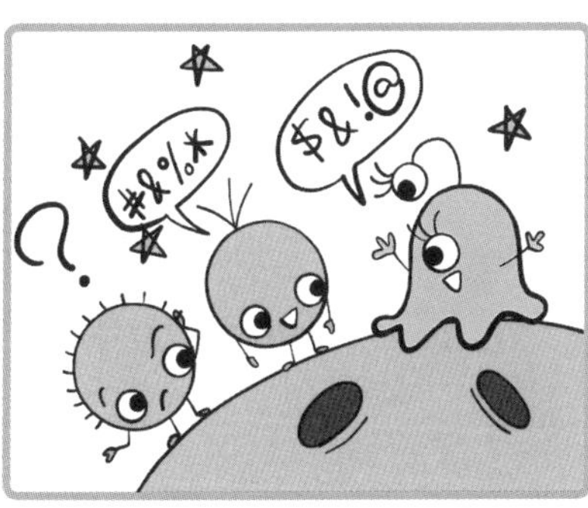

☐ 0459

importance

【ɪmpɔ́ɚtns】インポーゥトゥンス

名 大切さ、重要性

He understands the **importance** of communication.
彼はコミュニケーションの大切さを理解しています。

☐ 0460

add

【ǽd】アーッドゥ

動 加える、（数字を）足す

You should **add** some sugar.
砂糖を加えたほうがいいよ。

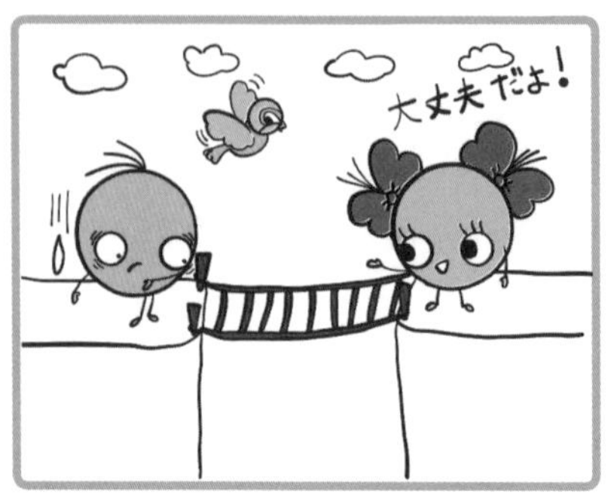

□ 0461

impossible

【ìmpɑ́səbl】インポアッスィブー

形 不可能な、無理な

名 不可能なこと

Nothing is **impossible.**

不可能なことはない。

□ 0462

happen

【hǽp(ə)n】ハプン

動 起こる

What **happened**?

何があったの？

□ 0463

express

【eksprés】エックスプエス

動（気持ちなどを態度で）表す

They **express** their feelings.

彼らは感情を表現します。

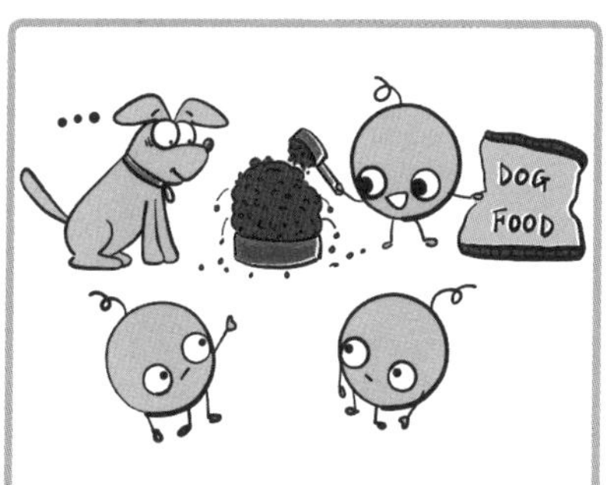

☐ 0464

feed

【fíːd】フィードゥ

動 ～に食べ物を与える

The boy **feeds** the dog.
男の子は犬にえさを与えます。

☐ 0465

official

【əfíʃəl】オフィショーゥ

形 公式な、正式な

English and French are Canada's **official** languages.
英語とフランス語はカナダの公用語です。

☐ 0466

afraid

【əfréɪd】アフエーイドゥ

形 恐れて、残念ながら（～しなければならない、～ではないかと思う）

He is **afraid** of spiders.
彼はクモが怖いです。

□ 0467

celebration

【sèləbréɪʃən】セレブエーイシュン

名 祝うこと

We are enjoying a birthday **celebration.**

ぼくたちは誕生日祝いを楽しんでいます。

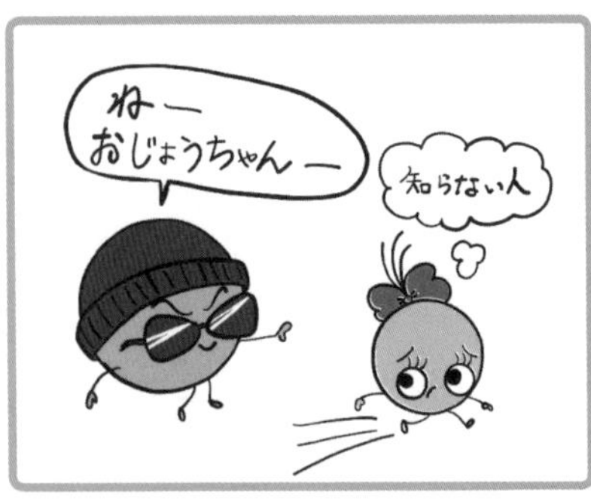

□ 0468

stranger

【stréɪndʒɚ】スチュエインジュー

名 見知らぬ人、他人、ずっと音沙汰がない人

Don't talk to **strangers.**

知らない人とは話したらだめよ。

□ 0469

ever

【évɚ】エヴー

副 今までに、かつて

Have you **ever** been to Mars?

火星に行ったことある？

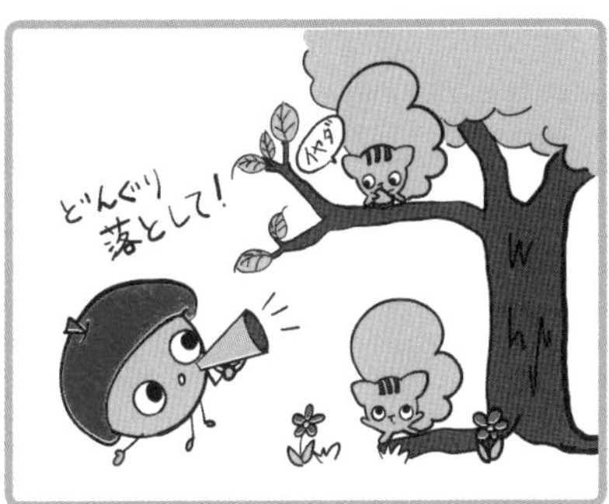

☐ 0470

direct

【daɪrékt】ダイゥ**エ**ックトゥ

動 監督する、（～を～へ）向かわせる

形 まっすぐな、直接の

He **directs** the movie.
彼は映画を監督します。

☐ 0471

agree

【əgríː】アグ**イ**ー

動 賛成する、（～ということを）認める

He **agrees** with Tsuppari.
彼はつっぱり君に賛成します。

☐ 0472

careful

【kéə-f(ə)l】**ケ**ゥフー

形 気をつける、注意深い、（行為などが）念入りな、丁寧な

Be **careful**!
気をつけて！

Cityscape 街並み

0473
station 駅
【stéɪʃən】スティシュン
APPLE
0474
train 電車
【tréɪn】チュエーイン
0475 street 通り【stríːt】スチュイートゥ
0476
zoo 動物園
【zúː】ズー
0477
supermarket スーパーマーケット
【súːpɚmɑ̀ɚkɪt】スープーマーケットゥ
0478
museum 博物館、美術館
【mjuːzíːəm】ミューズィーウンム
0479
river 川
【rívɚ】ウィヴー

□ 0480
hospital 病院
【háspɪtəl】ハッスピトーゥル
□ 0482
apartment アパート
【əpáɚtmənt】アパートゥメントゥ
DOMINION BANK
□ 0481
bank 銀行【bǽŋk】バーンク
□ 0483
park 公園
【páɚk】パーゥク
□ 0484
bridge 橋
【brídʒ】ブイッジュ

☐ 0485

mean

【míːn】ミーン

動 意味する　形 意地悪な
名 平均

What do you **mean,** “No Wi-Fi”?
「Wi-Fi なし」とはどういうこと？

☐ 0486

change

【tʃéɪndʒ】チェインジュ

動 ～を変える、変わる
名 変化、変更

Can I **change** the channel?
チャンネルを変えてもいい？

☐ 0487

ceremony

【sérəmòʊni】セゥエモニー

名 式、儀式

Today is her graduation **ceremony.**
今日は彼女の卒業式です。

□ 0488

arrest

【əróst】アゥエストゥ

動 逮捕する、心不全を起こす

The police **arrested** the thief.
警察はどろぼうを逮捕しました。

□ 0489

law

【lɔ́ː】ロアー

名 行動基準、法律

That is against the **law**.
あれは法律に反している。

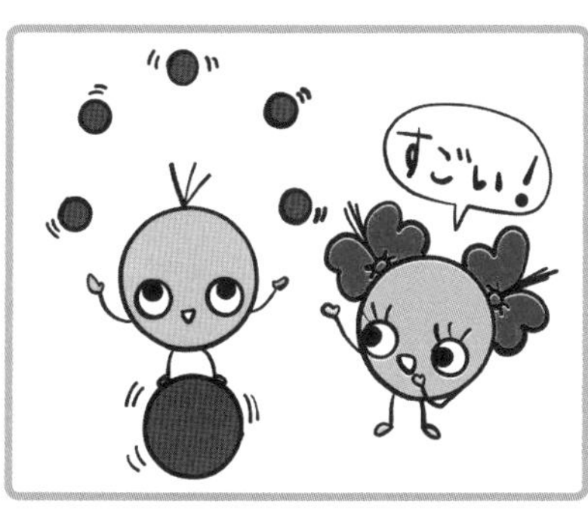

□ 0490

performance

【pɚfɔ́ɚməns】プフォーゥムンス

名 実演、業績、（人の）仕事ぶり

She likes his **performance**.
彼女は彼の実演が好きです。

□ 0491

shrine

【ʃráɪn】シュアーイン

名 神社

They went to the **shrine** to pray for good luck.

彼らは幸運を祈るため神社に行きました。

□ 0492

during

【d(j)ʊ́(ə)rɪŋ】**ジュ**ーゥイン

前（期間の）間中

Kangaroos are hopping **during** the pandemic.

パンデミック中、カンガルーが飛び跳ねています。

□ 0493

boring

【bɔ́ːrɪŋ】**ボ**ーゥイン

形 退屈な

The movie is **boring.**

映画がつまらない。

□ 0494

horizon

【hərάɪzn】ホゥアイズン

名 地平線、水平線

The sun rises over the **horizon.**

水平線上に太陽が昇ります。

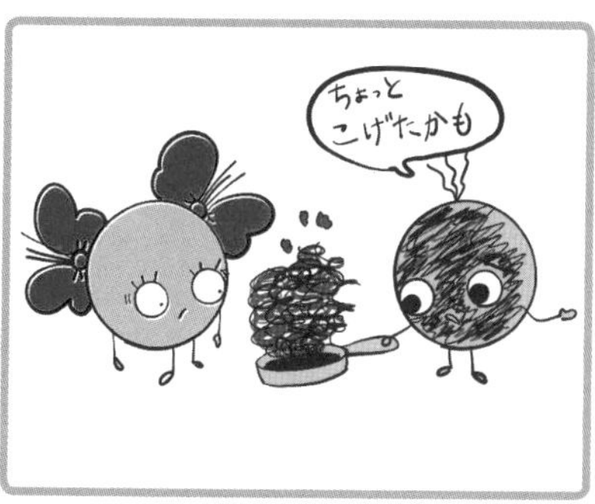

□ 0495

burn

【bə́ːn】ブーン

動 焦がす、やけどさせる、燃える

He **burned** the food.

彼は料理を焦がしました。

□ 0496

furniture

【fə́ːnɪtʃə】フーニチュー

名 家具

This is her favorite piece of **furniture.**

これは彼女のお気に入りの家具です。

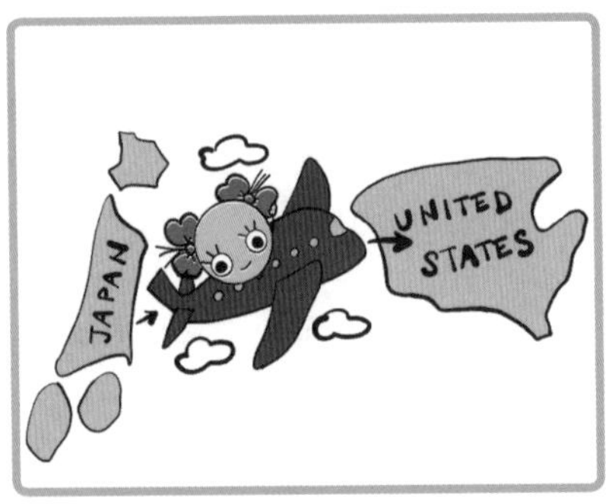

□ 0497

abroad

【əbrɔ́ːd】アブ**オ**ードゥ

副 外国へ、海外に

I travel **abroad**.
私は海外へ旅行します。

□ 0498

strong

【strɔ́ːŋ】スチュ**オ**ーン

形（力が）強い、（物が）丈夫な

This alien is **strong**.
この宇宙人は力が強い。

□ 0499

throw

【θróʊ】トゥ**ロ**ーゥ

動 投げる、（パーティーなどを）開く

He wants you to **throw** the stick.
棒を投げてほしいんだよ。

☐ 0500

surprised

【sɚpráɪzd】スプアーイズドゥ

形 驚いた

I'm **surprised** to see you here.
ここで会うとは驚きだね。

☐ 0501

mirror

【mírɚ】ミルー

名 鏡

The **mirror** answers the question.
鏡が質問に答えます。

☐ 0502

borrow

【bάroʊ】バーロゥ

動 借りる

Can I **borrow** your eraser?
消しゴムを借りていい？

□ 0503

lend

【lénd】レンドゥ

動 貸す

Can you **lend** me your umbrella?
傘を貸してくれる？

□ 0504

safety

【séɪfti】セイフティ

名 安全性、無事

Safety first!
安全第一！

□ 0505

earthquake

【ə́ːθkwèɪk】ウースクエイク

名 地震

An **earthquake** strikes.
地震が起きる。

□ 0506

port

【pɔ́ɚt】ポーゥトゥ

名 港

Meet me at the **port**.
港で待ち合わせね。

□ 0507

hold

【hóʊld】ホーゥルドゥ

動 持つ

Can you **hold** this?
これを持ってくれる？

□ 0508

serve

【sɚ́ːv】スァーヴ

動（食事や飲み物を）出す、（人に）仕える

We **serve** ham juice.
ハムジュースがございます。

□ 0509

repeat

【rɪpíːt】ウィピートゥ

動 繰り返して言う、もう一度行う

Parrots **repeat** what the owner says.
オウムは飼い主が言うことを繰り返します。

□ 0510

shout

【ʃáʊt】シャウトゥ

動 叫ぶ
名 叫び声

You don't need to **shout.**
叫ばなくてもいいのに。

□ 0511

description

【dɪskrípʃən】デスクイップシュン

名（あるものの言葉による）説明

Can you give me a **description** of your bag?
かばんの説明をしてくれますか？

□ 0512

lose

【lúːz】ルーズ

動 ～を失う、負ける、～を浪費する

He **lost** his rock.
彼は石をなくしました。

□ 0513

else

【éls】エゥルス

形 その他の

Do you have something **else**?
他に何かない？

□ 0514

rise

【ráɪz】ゥラーイズ

動 昇る、（人が）起立する、起きる、（数量が）増える

The sun **rises**.
太陽が昇ります。

☐ 0515

absent

【ǽbsnt】ェアーブスントゥ

形 （いるべき場所に）いない、欠席して、欠勤して

He is **absent** today.
彼は今日、欠席です。

☐ 0516

desert

【dézɚt】デズートゥ

名 砂漠

He got lost in the **desert**.
彼は砂漠で迷子になった。

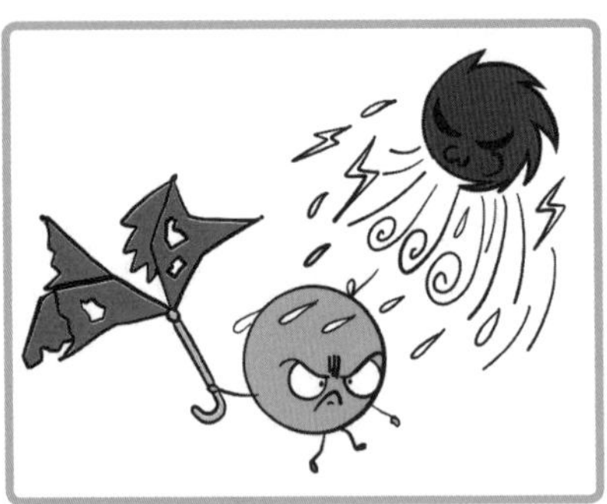

☐ 0517

upset

【ʌ̀psét】アプセットゥ

形 腹を立てて、取り乱して
動 （人を）動揺させる

He is **upset**.
彼はイライラしています。

□ 0518

wish

【wíʃ】ウィッシュ

動 ～を強く望む、願う
名 (強い)望み、願望の言葉

I **wish** for a ship to escape.
逃げるための船を望む。

□ 0519

inside

【ìnsáɪd】インサイドゥ

副 内側に、中に
前 ～の内部に、～の内側で

Let's go **inside**.
中に入ろう。

□ 0520

miss

【mís】ミス

動 乗り損なう、逃す、～に当たらない、～が恋しい

I **missed** my train.
電車に乗り遅れた。

STEP1 STEP2 STEP3

□ 0521

less

【lés】 レス

副 ～を下回る、より少なく
形 より少ない

This is **less** expensive.
こっちのほうが安いよ。

□ 0522

passenger

【pǽs(ə)ndʒɚ】 パーセンジュー

名 （公共交通機関の）乗客、旅客

The **passenger** is not comfortable.
乗客は座り心地が悪い。

□ 0523

possible

【pásəbl】 ポアッスィブー

形 可能性がある、あり得る

If you believe, anything is **possible.**
信じさえすれば、不可能はない。

□ 0524

last

【lǽst】ラーストゥ

動 続く

A bad day only **lasts** 24 hours.
最悪の日は 24 時間しか続かないよ。

□ 0525

introduce

【ìntrəd(j)úːs】インチュオ**デュ**ース

動 紹介する

Let me **introduce** you to my new friend.
新しい友達を紹介しよう。

□ 0526

cost

【kɔ́ːst】**コ**ーストゥ

動 （お金・費用などが）かかる

名 費用、経費

This clock **cost** 10 million yen.
この時計、1 千万円したんだ。

☐ 0527

rest

【rést】ゥレストゥ

名 休息、睡眠
動 休息する、眠る

I need some **rest** time.
休息の時間が必要だ。

☐ 0528

upstairs

【ʌ̀pstéɚz】アップステーゥズ

副 上の階で
形 上の階の

Go check **upstairs**.
上の階を見に行って。

☐ 0529

taste

【téɪst】テイストゥ

動 〜の味がする、味見する
名 味

It **tastes** like chicken.
チキンの味がするよ。

☐ 0530

waste

【wéɪst】ウエイストゥ

動 〜を無駄にする、浪費する

名 浪費、無駄

Don't **waste** food.

食べ物を無駄にしないで。

☐ 0531

instead

【ɪnstéd】インステッドゥ

副 代わりに、それよりむしろ

Would you like an apple **instead**?

代わりにりんごがほしい？

☐ 0532

custom

【kʌ́stəm】カストゥンム

名 風習、習慣

It's a Japanese **custom** to slurp noodles.

音を立ててめん類を食べるのは日本の習慣です。

☐ 0533

history

【hístəri】ヒストゥイー

名 歴史

They are famous people in **history**.

彼らは歴史で有名な人物です。

☐ 0534

destroy

【dɪstrɔ́ɪ】ディスチュオーイ

動 だめにする、破壊する

You **destroyed** my cellphone!

私の携帯電話を壊した！

☐ 0535

gesture

【dʒéstʃɚ】ジェスチュー

名 身振り手振り

They use a lot of **gestures** when talking.

彼らは話すときにたくさん身振り手振りを使います。

□ 0536

tasty

【téɪsti】テーイスティ

形 おいしい、魅力的な

This candy house is **tasty.**

このお菓子の家、おいしいね。

□ 0537

let

【lət】レットゥ

動（やりたいことを）させる、させてやる、（～することを）許可する

Let me explain.

説明させて。

□ 0538

act

【ǽkt】アクトゥ

動（役を）演じる、行動する

He can **act.**

彼は演技が上手です。

□ 0539

wet

【wét】ゥ**エ**ットゥ

形（液体によって）ぬれた

The cat is **wet.**

ネコはぬれている。

□ 0540

attend

【əténd】ア**テ**ンドゥ

動 参加する

Can he **attend** the meeting?

彼、ミーティングに参加していいですか？

□ 0541

latest

【léɪtɪst】**レ**イテッス

形 最新の、最も遅い

名 最新情報

Have you seen his **latest** movie?

彼の最新の映画を見た？

□ 0542

activity

【æktívəti】アックティヴィティ

名 活発な動作、活動

Physical **activities** are important.
運動は大事です。

□ 0543

nothing

【nʌ́θɪŋ】ナティン

代 何も～ない
名 無

I have **nothing** in the fridge.
冷蔵庫の中、何もない。

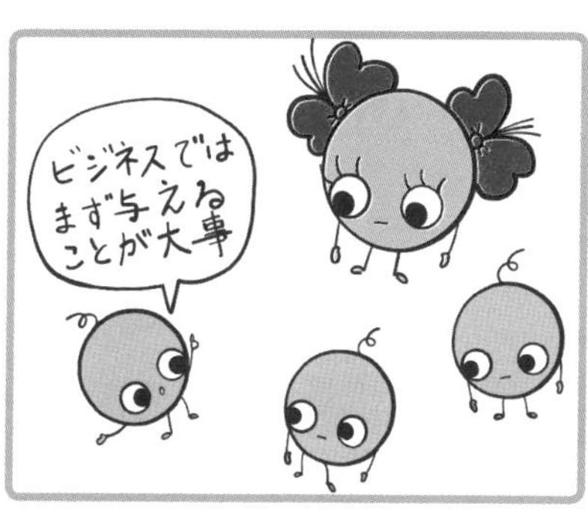

□ 0544

although

【ɔːlðóʊ】オウルドーゥ

接 ～という事実にもかかわらず、～ではあるが

Although he's young, he's wise.
彼は若いけれど、賢い。

☐ 0545

without

【wɪðáʊt】ウィダウトゥ

前 (物が) なくて、(人が) いなくて

He can’t live **without** his Teddy Bear.

彼はテディベアなしでは生きられない。

☐ 0546

notice

【nóʊtɪs】ノウティス

名 通知、掲示、警告

動 気がつく

The worker presented the **notice**.

作業員は通知を提出しました。

☐ 0547

action

【ǽkʃən】アックシュン

名 (目的に向けた) 活動、行動、(人の) 行為、動き

We must take **action**.

我々は行動を取らなければならない。

□ 0548

return

【rɪtə́ːn】ウリトゥーン

動 戻る、～を返す
名 帰ること

The master has **returned.**
飼い主が戻ってきました。

□ 0549

either

【íːðə】イードゥー

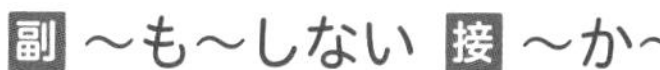

副 ～も～しない **接** ～か～
形 どちらか一方の、どちらの～も

That doesn't look good **either.**
それも変な感じ。

□ 0550

entrance

【éntrəns】エンチュエンス

名 入口

This is the main **entrance.**
これがメインの入口です。

□ 0551

lost

【lɔ́:st】ローストゥ

形 道に迷った、途方に暮れた

He got **lost** in the maze.
彼は迷路の中で迷子になりました。

□ 0552

bottom

【bάtəm】ボァートゥンム

名 底部、底面

There's one last cookie at the **bottom** of the jar.
瓶の底に最後のクッキーがあるよ。

□ 0553

actually

【ǽktʃuəli】アックチュアリ

副 実際は、実は

Actually, she speaks English.
実は彼女、英語を話すんだ。

□ 0554

nature

【néɪtʃɚ】ネイチュー

名 自然、(人や物の) 本質、(人の生来の) 気質

He enjoys **nature.**
彼は自然を楽しみます。

□ 0555

accident

【ǽksədnt】ェアークスィデントゥ

名 事故

He had an **accident.**
彼は事故にあいました。

□ 0556

round

【ráʊnd】ゥラーゥンドゥ

形 丸い

Earth is **round.**
地球は丸い。

□ 0557

loud

【láʊd】ラウドゥ

形（音量が）大きい、うるさい

The music is too **loud.**

音楽がうるさすぎる。

□ 0558

true

【trúː】チュルー

形 真の、本当の

This is **true** love.

これは真の愛です。

□ 0559

laugh

【lǽf】ラーフ

動 笑う、笑いものにする

名 笑うこと、笑わせること

They are **laughing.**

彼らは笑っています。

☐ 0560

sound

【sáʊnd】サウンドゥ

動 〜に聞こえる、〜に思われる

名 音

It **sounds** like a pig.
ブタの鳴き声に聞こえるよ。

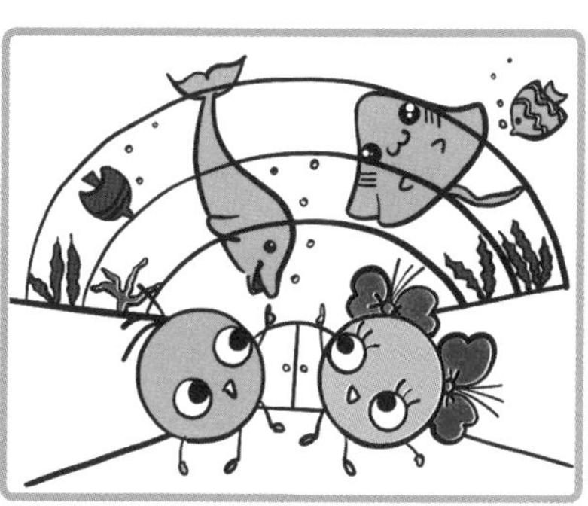

☐ 0561

aquarium

【əkwé(ə)riəm】アクエーゥイゥム

名 水族館

They love going to the **aquarium**.
彼らは水族館に行くのが大好きです。

☐ 0562

mountain

【máʊntn】マウントゥン

名 山

Mount Everest is the world's highest **mountain**.
エベレストは世界で最も高い山です。

☐ 0563

cause

【kɔ́ːz】コーズ

動 ～を引き起こす、～の原因となる

名 原因、要因

Pollution **causes** global warming.
汚染は地球温暖化を引き起こします。

☐ 0564

shut

【ʃʌ́t】シャットゥ

動 閉じる

形 閉じた

Can you **shut** the window?
窓を閉めてくれる？

☐ 0565

save

【séɪv】セイヴ

動 助ける

Save me!
助けて！

☐ 0566

invent

【ɪnvént】インヴェントゥ

動 ～を発明する、～をでっちあげる

Ancient people **invented** the wheel.
古代人はホイールを発明しました。

☐ 0567

cover

【kʌ́vɚ】カヴー

動 覆いを掛ける

You should **cover** your head.
帽子をかぶったほうがいいよ。

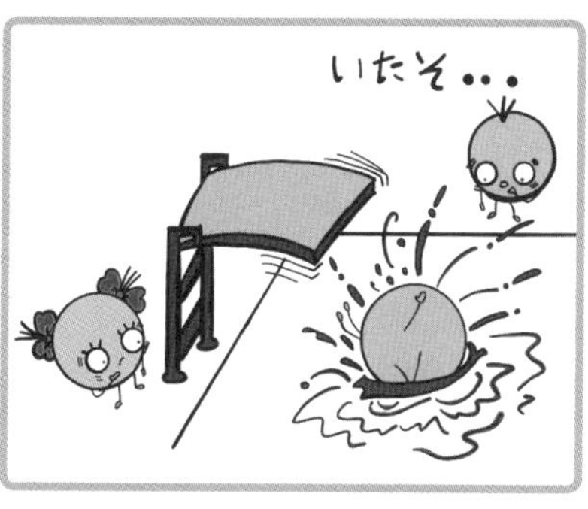

☐ 0568

never

【névɚ】ネヴー

副 決して（絶対に）～ない

I will **never** try this again.
もう二度とこれに挑戦しない。

☐ 0569

helpful

【hélpf(ə)l】ヘゥプフー

形 役立つ、助けになる、参考になる

Her son is trying to be **helpful.**
彼女の息子はお手伝いをしているつもりです。

☐ 0570

several

【sév(ə)rəl】セヴロー

形 数個の、数人の

There are **several** acorns.
どんぐりがいくつかあります。

☐ 0571

especially

【espéʃəli】エスペシュリ

副 とくに、とりわけ

I like animals, **especially** monkeys.
ぼくは動物、とくにサルが好きだ。

☐ 0572

foreign

【fɔ́ːrən】フォーゥエン

形 外国の、異物の

She loves to learn **foreign** languages.
彼女は外国語を学ぶのが大好きです。

☐ 0573

firework

【fáɪɚwɚ̀ːk】ファイユゥオーゥク

名 花火

Everybody loves **fireworks.**
みんな花火が大好き。

☐ 0574

collect

【kəlékt】クレクトゥ

動 集める

She **collects** LINE stamps.
彼女は LINE スタンプを集めています。

□ 0575

boil

【bɔ́ɪl】ボーイゥル

動 沸騰する、沸騰させる、ゆでる

The witch **boils** her magic soup.
魔女は魔法のスープを沸騰させます。

□ 0576

try

【tráɪ】チュアーイ

動 努力する、やってみる、試す

You should **try** one.
ひとつ食べてみな。

□ 0577

common

【kɑ́mən】コームン

形 一般的な、(動植物などが)どこにでもいる

Paul is a **common** name.
ポールは一般的な名前です。

□ 0578
lay
【léɪ】レーイ
動（卵を）産む、（水平な位置に〜を）置く

Birds **lay** eggs.
鳥は卵を産む。

□ 0579
anymore
【ènimɔ́ɚ】エニモーァ
副 もはや（〜しない）

I don't want to play **anymore**.
もう遊びたくない。

□ 0580
height
【háɪt】ハイトゥ
名 高さ、身長

The **height** of Tokyo Tower is 333 meters.
東京タワーの高さは 333 メートルです。

☐ 0581

wonder

【wʌ́ndɚ】ゥワンドゥー

動 〜かどうかと思う、知りたいと思う

I **wonder** how many stars there are.

星、何個あるのかな。

☐ 0582

tradition

【trədíʃən】チュアディシュン

名 伝統、しきたり、習慣

Baking on Valentine's Day is a family **tradition**.

バレンタインの日のお菓子作りは家族の伝統です。

☐ 0583

anywhere

【éni(h)wèɚ】エニゥエーゥ

副 どこでも、どこかに、どこへでも、どこにも

I can't find the apple **anywhere**!

りんご、どこにも見つからない！

□ 0584

fix

【fíks】フィックス

動 修理する、（正確な時間などを）決める

Can you **fix** the nest?
巣を直してくれる？

□ 0585

twin

【twín】トゥイン

名 双子

They are **twins.**
彼女たちは双子です。

□ 0586

marry

【mǽri】メアーゥイ

動 結婚する

They got **married.**
彼らは結婚しました。

STEP1 STEP2 STEP3

STEP3

そのほか、日常生活でよく使う単語

0587〜1200

□ 0587

specific

【spɪsífɪk】スペ**スィ**フィック

形 明確な、具体的な、はっきりして

Can you be more **specific**?
もっと詳しく説明してくれない？

□ 0588

bother

【báðɚ】**バ**ードゥー

動 悩ます、うるさがらせる

Don't **bother** me!
邪魔しないで！

□ 0589

insurance

【ɪnʃʊ́(ə)rəns】イン**シュ**エンス

名 保険、保険料、備え

I'm glad we have fire **insurance.**
火災保険に入っていてよかったね。

□ 0590

ideal

【aɪdíːəl】アイディーウル

形 理想の、理想的な

名 理想

My **ideal** girlfriend has a round face and round eyes.

ぼくの理想の女性は丸い顔に丸い目の女性です。

□ 0591

steady

【stédi】ステディ

形 ぐらつかない、定まった

The boat is not **steady**.

この船は不安定です。

□ 0592

lawsuit

【lɔ́sùːt】ロースートゥ

名 （民事）訴訟

I'm filing a **lawsuit**.

訴訟を起こすぞ。

□ 0593
acquire
【əkwáɪə˞】アク**ワ**イゥー
動（努力して）得る、習得する

She **acquired** a new language.
彼女は新しい言葉を習得しました。

□ 0594
length
【léŋ(k)θ】**レ**ングス
名 長さ、縦、丈

The **length** of my eyelashes is 10 centimeters.
まつ毛の長さが 10 センチなの。

□ 0595
substitute
【sʌ́bstət(j)ùːt】
サッブスティトゥユートゥ
形 代理の
動 ～を代わりに使う

The **substitute** teacher is an app.
代理の先生はアプリなんだ。

□ 0596

equipment

【ɪkwípmənt】エクイップメントゥ

名（ある目的のための）備品、設備、機材

They have a lot of sports **equipment**.

彼らはスポーツ用品をたくさん持っています。

□ 0597

charge

【tʃáɚdʒ】チャーゥジュ

動 充電する、請求する

名 請求金額、料金

I need to **charge** my battery.

充電する必要がある。

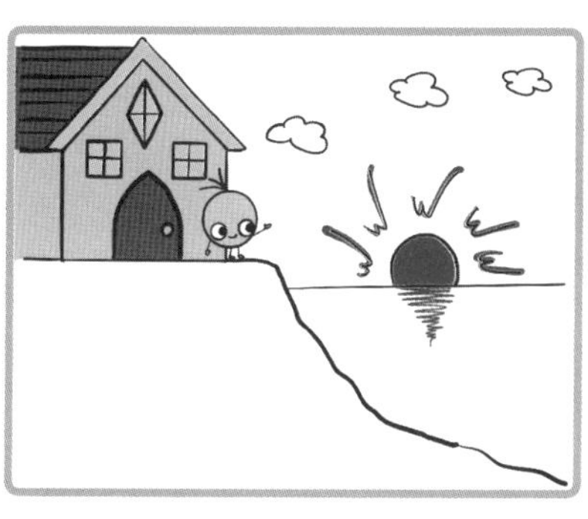

□ 0598

overlook

【òʊvɚlʊ́k】オゥヴルック

動 ～を見晴らす、大目に見る、～を見落とす

The house **overlooks** the sea.

家から海が見渡せます。

STEP1 STEP2 STEP3

□ 0599

disability

【dìsəbíləti】ディサビリティ

名 障害

Her friend has a **disability.**

彼女の友人は障害があります。

□ 0600

obligation

【àbləgéɪʃən】アーブリゲーィシュン

名 義務、義理

It is her **obligation** to support her child's decision.

子どもの決断を支えることは彼女の義務です。

□ 0601

massive

【mǽsɪv】マッスィヴ

形 大きい、どっしりした

That's a **massive** ball!

巨大なボールだな！

☐ 0602

refer

【rɪfə́ː】ウイフー

動 参照する、～をさす、～に言及する

Please **refer** to our website for more information.

詳しくは当社ホームページをご覧ください。

☐ 0603

patient

【péɪʃənt】ペイシュントゥ

形 忍耐強い、辛抱強い

名 患者、病人

You are so **patient** with the kids.

子どもたちに対してとても忍耐強いね。

☐ 0604

distinguish

【dɪstíŋ(g)wɪʃ】ディスティングイッシュ

動 識別する、はっきり区別する、見分ける

I can't **distinguish** between grey and orange.

ねずみ色とオレンジの区別がつかないの。

□ 0605

procedure

【prəsíːdʒɚ】プオ**スィ**ージュー

名 手続き、手順、順序

This is a standard medical **procedure.**

これは標準的な医療処置です。

□ 0606

relatively

【rélətɪvli】ゥ**エ**ラティヴリ

副 相対的に、比較的に

That's a **relatively** small injury.

それは比較的小さなけがだよ。

□ 0607

mammal

【mǽm(ə)l】**マ**ーモーゥル

名 哺乳動物、哺乳類

Dolphins are **mammals.**

イルカは哺乳類です。

□ 0608

amount

【əmáʊnt】アマウントゥ

名 量、額

That's a large **amount** of Parmesan cheese!

すごい量のパルメザンチーズだね！

□ 0609

clock

【klák】クラック

名 時計

The **clock** strikes twelve.

時計が 12 時を打ちます。

□ 0610

seize

【síːz】スィーズ

動 〜を（突然ぎゅっと）つかむ、捕まえる

The police officer **seized** the thief.

警察官はどろぼうを捕まえました。

STEP1 STEP2 STEP3

□ 0611

prohibit

【proʊhíbɪt】プオ**ヒ**ビットゥ

動 禁じる、禁止する

Moving is **prohibited**!

動くの禁止！

□ 0612

bunch

【bʌ́ntʃ】**バ**ンチュ

名（果物などの）房、（花・かぎなどの）束、仲間

Do you want a **bunch** of flowers or a **bunch** of grapes?

花束とぶどう一房、どっちがいい？

□ 0613

yell

【jél】イ**エ**ゥル

動 叫び声をあげる、怒鳴る

Stop **yelling** at me!

私に怒鳴るのをやめて！

□ 0614

concern

【kənsə́ːrn】クンスーンヌ

動 心配させる、心配する、～に関係する

Her son's attitude **concerns** her.
彼女は息子の態度が心配です。

□ 0615

preserve

【prɪzə́ːrv】プイズーヴ

動（家・ものなどを）保存する、（性質・状態を）維持する

We must **preserve** this statue.
私たちはこの像を保護しなければなりません。

□ 0616

via

【víə】ヴィア

前 ～を経て、～経由で、～によって

They went to London **via** Paris.
彼らはパリを経由してロンドンに行きました。

STEP1 STEP2 STEP3

□ 0617

stable

【stéɪbl】ステイブー

形 安定した、不変の
名 馬小屋

This chair is not very **stable**.
この椅子はあまり安定しない。

□ 0618

typical

【típɪk(ə)l】**ティ**ピコーゥル

形 典型的な、代表的な、特有な

This is a **typical** drawing of a child.
これは典型的な子どもの絵だね。

□ 0619

exact

【ɪgzǽkt】エッグ**ザ**ックトゥ

形 正確な、的確な

The **exact** time is 2:59.
正確な時間は 2 時 59 分だよ。

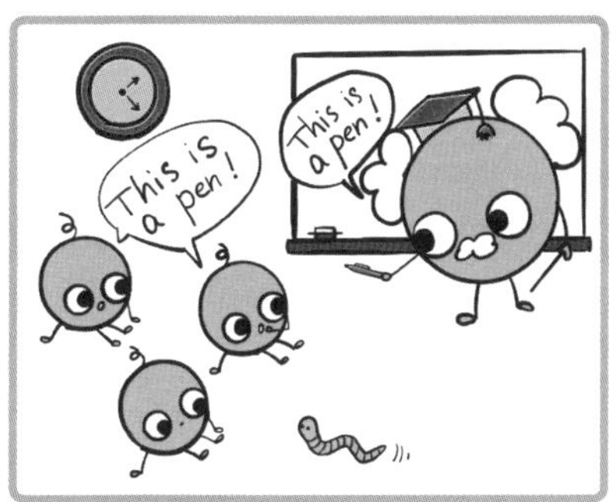

□ 0620

practical

【prǽktɪk(ə)l】プアックティコーゥル

形 実用的な、実践的な、現実的な

We should learn **practical** English.
我々は実用英語を学ぶべきです。

□ 0621

react

【riǽkt】ウイアックトゥ

動 反応する、作用しあう、反対する

The baby doesn't **react** to sound.
赤ちゃんは音に反応しない。

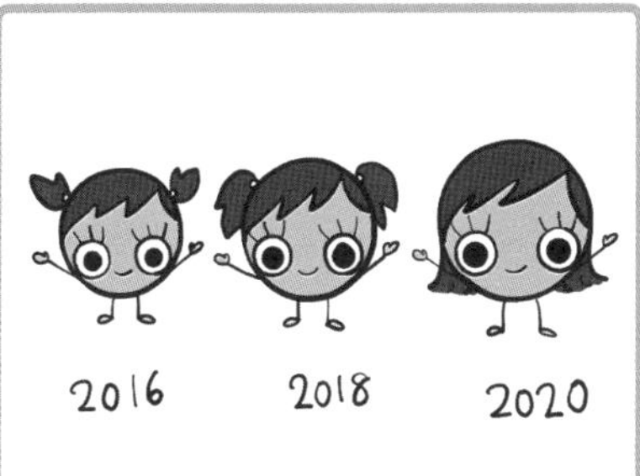

□ 0622

gradually

【grǽdʒuəli】グアージュアリ

副 徐々に、次第に

She is **gradually** growing.
彼女は徐々に成長しています。

□ 0623

tragedy

【trǽdʒədi】チュアージェディ

名 悲劇、惨事、不運なこと

What a **tragedy**!
なんて悲劇なの！

□ 0624

exaggerate

【ɪgzǽdʒərèɪt】エッグザージュエイトゥ

動 ～を大げさに言う、誇張する

Don't **exaggerate.**
大げさに言わないで。

□ 0625

available

【əvéɪləbl】アヴェイラブー

形（すぐに）利用できる、手が空いていて

Are you **available** today?
今日、空いてる？

☐ 0626

claim

【kléɪm】クレーイン厶

動 要求する、主張する

They both **claim** they won.
両方とも勝ったと主張します。

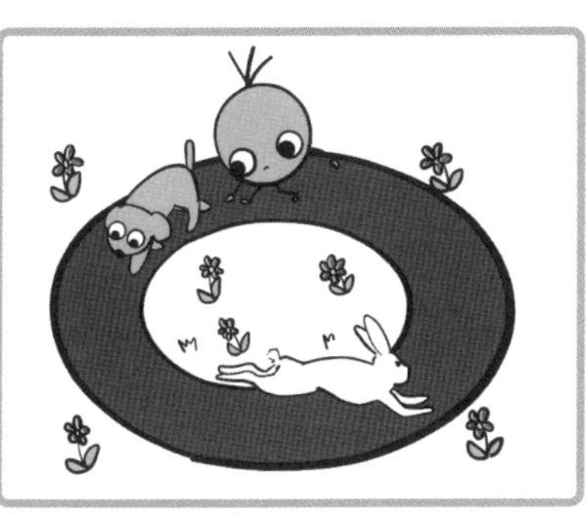

☐ 0627

trail

【tréɪl】チュエーイゥル

名 通った跡、痕跡、（獣の）臭跡

The dog follows the **trail** of the rabbit.
犬はうさぎの跡を追います。

☐ 0628

praise

【préɪz】プエーイズ

動 称賛する、ほめる

He **praises** her talent.
彼は彼女の才能をほめます。

□ 0629

atmosphere

【ǽtməsfiɚ】アーットゥムスフィーゥ

名（特定の場所の）雰囲気、（地球の）大気

They like the **atmosphere** of the cafe.

彼らはカフェの雰囲気が好きです。

□ 0630

totally

【tóʊtəli】トーゥトゥリ

副 まったく、すっかり

We are **totally** different from each other.

私たちはお互い全然違うよ。

□ 0631

wealthy

【wélθi】ゥエゥルティ

形 裕福な、恵まれて

He's a **wealthy** ghost.

彼は裕福な幽霊だよ。

☐ 0632

blame

【bléɪm】ブレーインム

動 非難する、～を～のせいにする

They **blame** each other.
彼らはそれぞれお互いのせいにします。

☐ 0633

meanwhile

【míːn(h)wàɪl】ミーンヌワイゥル

副 その間に、それまでは、話は変わって

Meanwhile in space, planets are avoiding Earth.
その頃、宇宙では、惑星たちは地球を避けていました。

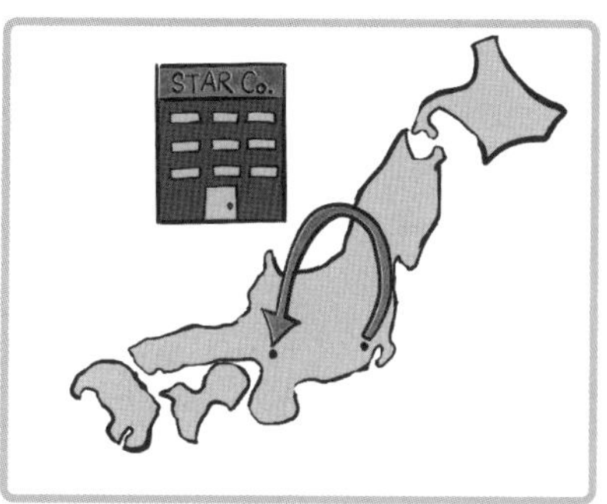

☐ 0634

transfer

【trænsfə́ː】チュアーンスフー

動 ～を～へ移す、(乗り物を)～から～に乗り換える

Star Company was **transferred** to Osaka.
スター会社は大阪に移されました。

☐ 0635

abandon

【əbǽndən】アバーンドゥン

動 捨てる、見捨てる、（途中で）やめる

Abandon ship!
船を離れろ！

☐ 0636

lean

【líːn】リーンヌ

名 傾き、傾斜　**形** やせた
動 傾く、～にもたれる

The diet pills will make you **lean**.
ダイエットの錠剤でやせますよ。

☐ 0637

weapon

【wép(ə)n】ゥエプン

名 武器、兵器、凶器

Drop your **weapon**!
銃を下ろせ！

□ 0638

character

【kǽrəktɚ】キャウックトゥー

名 性格、性質、人格、(小説などの)人物

He has a bad **character.**

彼は悪い性格です。

□ 0639

nearby

【nìɚbáɪ】ニーゥバイ

副 近くに

形 近くの

Is there a cafe **nearby**?

近くにカフェある?

□ 0640

stare

【stéɚ】ステーァ

動 じっと見る、凝視する、じろじろ見る

What are you **staring** at?

何じっと見てるのよ!

STEP1 STEP2 STEP3

□ 0641

adapt

【ədǽpt】アダープトゥ

動 適応する、慣れる

Kids **adapt** to different weather conditions.

子どもはいろいろな気候条件に適応します。

□ 0642

ultimate

【ʌ́ltəmət】オゥルティメットゥ

形 最後の、究極の、最高の

That's the **ultimate** act of courage.

それは究極の勇気の行為です。

□ 0643

starve

【stɑ́ɚv】スターゥヴ

動 飢えに苦しむ、餓死する

I'm **starving**!

おなかがすきすぎて死にそう！

□ 0644

measure

【méʒɚ】メジュー

動 測定する、測る、評価する

Can you **measure** the distance?
距離を測ってくれる？

□ 0645

provide

【prəváɪd】プオヴァイドゥ

動 供給する、提供する、与える

This restaurant **provides** excellent seafood.
このレストランは素晴らしいシーフードを出しています。

□ 0646

admire

【ədmáɪɚ】アッドゥマイウー

動 称賛する、感心する

I **admire** your patience.
君の忍耐力を称賛するよ。

STEP1 STEP2 STEP3

□ 0647

reasonable

【ríːz(ə)nəbl】ゥイーズヌブー

形 妥当な、道理をわきまえた、筋の通った

That's a **reasonable** offer.
それは妥当な提案だね。

□ 0648

thus

【ðʌ́s】ダッス

副 だから、従って

We ate too much and **thus** we have a stomachache.
食べすぎた結果、お腹が痛い。

□ 0649

vast

【vǽst】ヴァーストゥ

形 広大な、莫大な

Canada is a **vast** country.
カナダは広い国です。

☐ 0650

colleague

【káliːg】カーリーグ

名 同僚

My **colleague** and I discuss the new project.

同僚と新規プロジェクトについて話し合います。

☐ 0651

flat

【flǽt】フラットゥ

形 平らな、平べったい、（かかとの）低い

The ground is **flat**.

地面が平らだよ。

☐ 0652

whatever

【(h)wɑtévɚ】ゥワレヴー

代 ～することは何でも

形 どんな～でも

Whatever you want.

何でもいいよ。

STEP1 STEP2 STEP3

☐ 0653
flatter
【flǽtɚ】フラートゥ
動 お世辞を言う、（人に）おべっかを使う

Don't **flatter** me.
お世辞はやめて。

☐ 0654
concentrate
【kάnsntrèɪt】カーンセンチュエーイトゥ
動 集中する、集める、濃縮する

I can't **concentrate**.
集中できない。

☐ 0655
appearance
【əpí(ə)rəns】アピーゥエンス
名 外見、出現、出演

Don't judge by **appearances**.
外見で人を判断してはいけない。

□ 0656

vital

【váɪtl】ヴァイトーゥル

形 生命の、致命的な、きわめて重大な

He has no **vital** signs.
彼、生存徴候がないの。

□ 0657

job

【dʒɑ́b】ジャーブ

名 仕事、任務、役目

What's your **job**?
あなたのお仕事は何？

□ 0658

rub

【rʌ́b】ゥラッブ

動 こする、(肩などを)もむ

The cat **rubs** his shoulders.
ネコは彼の肩をもみます。

STEP1 STEP2 STEP3

☐ 0659

habit

【hǽbɪt】ハービットゥ

名 癖、習慣、（動植物の）習性

That's a strange **habit.**

それは不思議な習慣だよ。

☐ 0660

noble

【nóʊbl】ノゥブーゥル

形 気高い、立派な、貴族の

What a **noble** action!

気高い行為だね！

☐ 0661

submit

【səbmít】スッブミットゥ

動 提出する、提示する

He **submitted** his project.

彼はプロジェクトを提出しました。

□ 0662

nobody

【nóʊbədi】ノウバディ

代 だれも～ない

Nobody likes me.
みんな私のことを嫌っている。

□ 0663

substance

【sʌ́bstəns】サッブストゥンス

名 物質、（物の）実質

What is the red **substance** in that flask?
そのフラスコの中に入っている赤い物質は何？

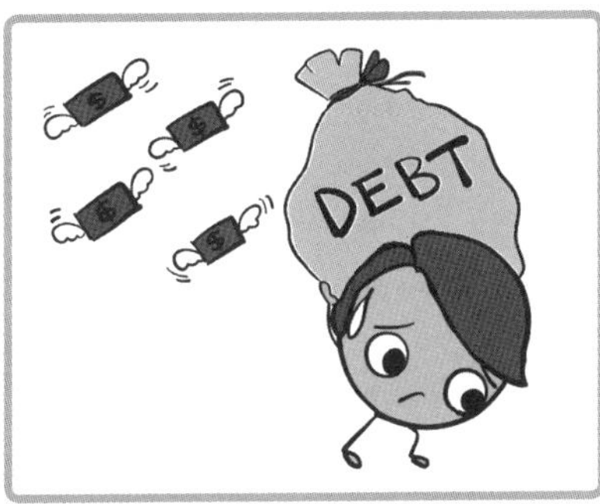

□ 0664

debt

【dét】デットゥ

名 借金、負債、債務

He has a big **debt**.
彼には大きな借金があります。

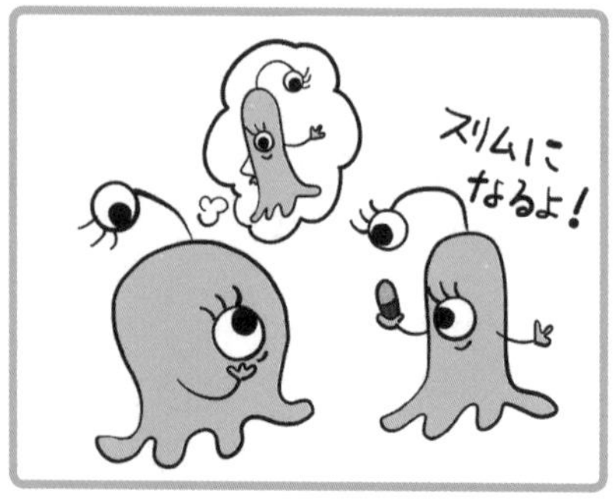

☐ 0665

so-called

【sóʊkɔ̀ːld】ソゥカーゥルドゥ

形 いわゆる、世間で言うところの

This is the **so-called** miracle drug.

これがいわゆる奇跡の薬だよ。

☐ 0666

occasion

【əkéɪʒən】オケーイジュン

名（特定のことが起こった）時、特別の出来事

What's the **occasion**?

何か特別な日なの？

☐ 0667

recall

【rɪkɔ́ːl】ウイカール

動 ～を思い出す、（人を）～から～へ呼び戻す

She can't **recall** his name.

彼女は彼の名前が思い出せない。

□ 0668

properly

【prάpəːli】プアープリ

副 適当に、適切に、正しく

You should eat **properly** with a knife and fork.

きちんとナイフとフォークで食べなさい。

□ 0669

contribute

【kəntríbjʊt】クンチュイビュートゥ

動 寄付する、貢献する

They **contributed** to the discovery of a dinosaur.

彼らは恐竜の発見に貢献しました。

□ 0670

succeed

【səksíːd】スックスィードゥ

動 成功する、うまくいく、出世する

He tried hard and **succeeded**.

彼は努力して成功しました。

□ 0671

except

【ekségpt】エック**セ**ップトゥ

前 ～を除いては
接 ～であること以外は

Everything is red, **except** the triangle.
三角形以外はすべて赤い。

□ 0672

license

【láɪsəns】**ラ**イスンス

名 免許
動 認可する

I got my driver's **license**.
運転免許を取りました。

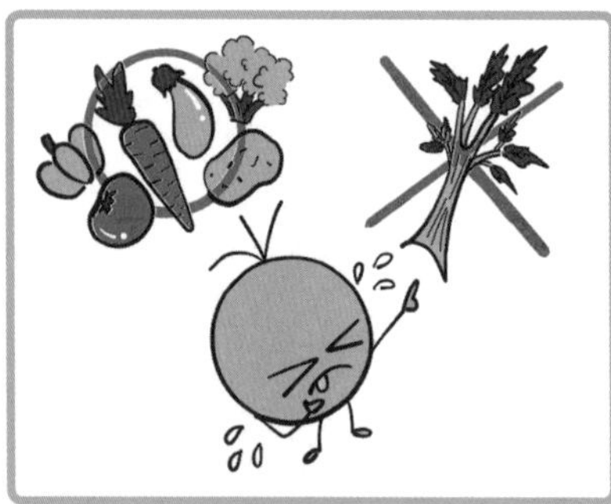

□ 0673

exception

【eksépʃən】エック**セ**ップシュン

名 例外、除外、異議

I love all vegetables, with the **exception** of celery.
野菜は全部大好き、セロリ以外は。

□ 0674

restore

【rɪstɔ́ɚ】ウイストーァ

動 修復する、復活させる

The castle was **restored** after the fire.

城は火事のあと、修復されました。

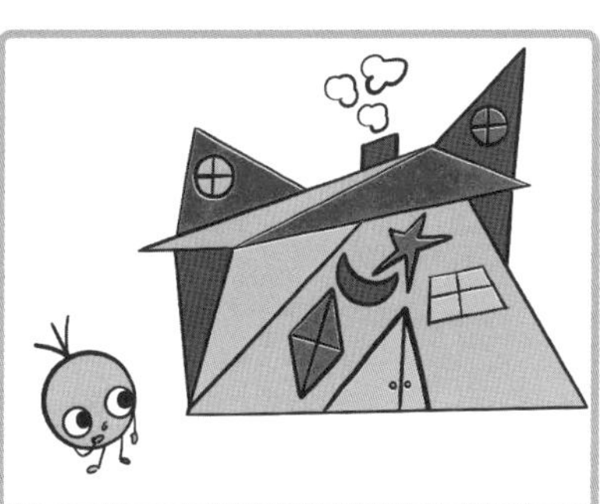

□ 0675

architecture

【ɑ́ɚkətèktʃɚ】アーキテックチュー

名 建築術、建築学、建築様式、建物

This is interesting **architecture**.

この建築、興味深いね。

□ 0676

incident

【ínsədnt】インスィドゥントゥ

名 出来事、小事件、事故

He learned a lesson from the **incident**.

彼は事件から学びを得ました。

□ 0677

society

【səsáɪəti】スサイエティ

名 社会

They miss **society.**

彼らは社会生活が恋しい。

□ 0678

lack

【lǽk】ラーック

名 不足、欠乏、ないこと

Lack of sleep is bad for health.

睡眠不足は健康に悪いです。

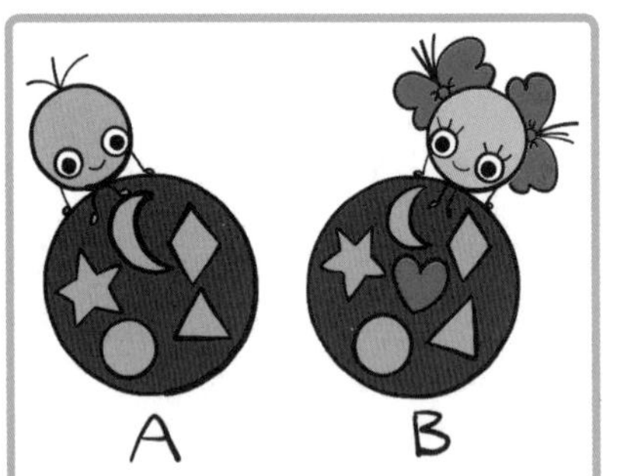

□ 0679

include

【ɪnklúːd】インクルードゥ

動 含む

B **includes** a heart.

B はハート型を含みます。

□ 0680

recognize

【rékəgnàɪz】ゥエクッグナイズ

動 見覚えがある、（見て）思い出す、認める

She's changed so much that I didn't **recognize** her.

彼女がすっかり変わってしまったので、彼女だと気づかなかったよ。

□ 0681

describe

【dɪskráɪb】ディスクワーイブ

動 描写する、説明する

Can you **describe** him?

彼を説明できますか？

□ 0682

record

【rɪkɔ́ɚd】ゥエクードゥ

動 録音する、記録する
名 記録

He is **recording** his voice.

彼は彼の声を録音しています。

STEP1 STEP2 STEP3

□ 0683

warn

【wɔ́ɚn】ゥオーンヌ

動 警告する、注意を与える、通告する

Don’t say I didn’t **warn** you about the rain.

ちゃんと雨について注意したよね？

□ 0684

profit

【prɑ́fɪt】プアーフィットゥ

名 利益、利得、もうけ

He made a **profit** of 5 yen.

彼は5円の利益を得ました。

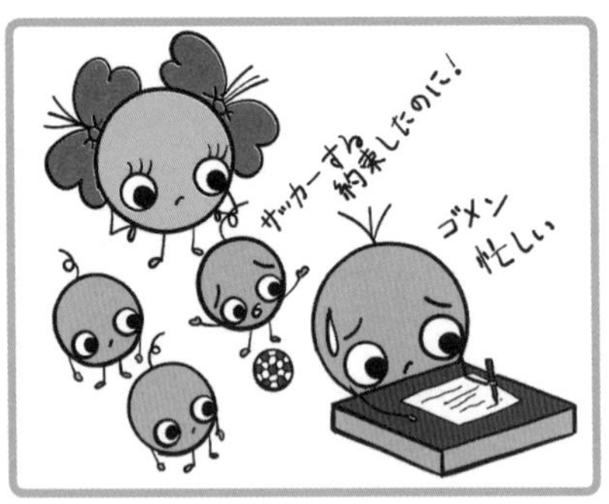

□ 0685

sacrifice

【sǽkrəfàɪs】サクイファイス

動 ～を犠牲にする

名 犠牲

Don’t **sacrifice** your family life.

家族生活を犠牲にしたらダメ。

☐ 0686

directly

【daɪréktli】ダイウエックトゥリ

副 直ちに、直接に

You should ask her **directly**.
彼女に直接聞けば？

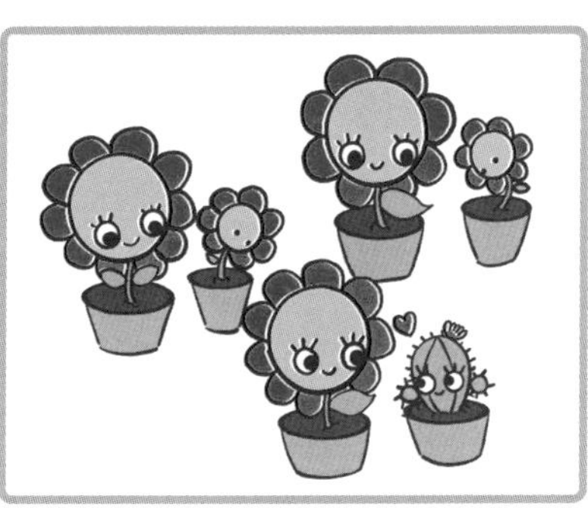

☐ 0687

adopt

【ədάpt】アドープトゥ

動 養子にする、採用する、取り入れる

The flower **adopted** a cactus.
花はサボテンを養子にしました。

☐ 0688

tactic

【tǽktɪk】タックティック

名 方策、作戦

What's the **tactic**?
作戦は何？

☐ 0689

victim

【víktɪm】ヴィクティム

名 犠牲者、被害者

She is the **victim** of poverty.

彼女は貧困の犠牲者なの。

☐ 0690

occupy

【ákjʊpàɪ】アーキュパイ

動 ～を占領する

The flower shop **occupies** the entire building.

花屋は建物全体を占めます。

☐ 0691

accuse

【əkjú:z】アキューズ

動 告訴する、訴える、責める

He was **accused** of stealing acorns.

彼はドングリを盗んだと責められました。

□ 0692

wipe

【wáɪp】ゥワイプ

動 ぬぐう、拭く

He **wipes** her tears.
彼は彼女の涙を拭きます。

□ 0693

air

【éɚ】エーゥ

名 空気

The **air** smells funny.
空気が変な臭いだ。

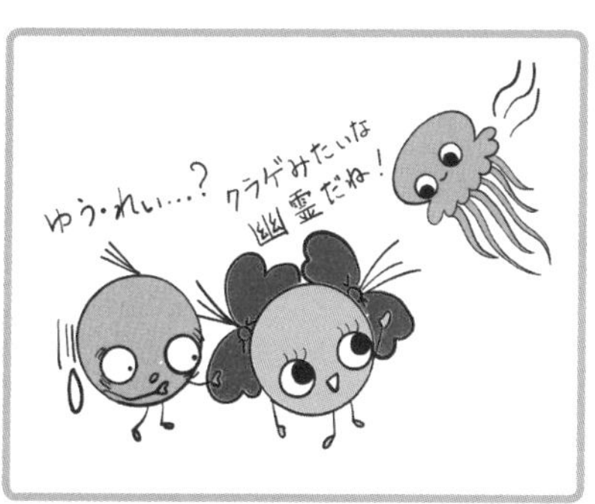

□ 0694

odd

【ád】アーッドゥ

形 変な、風変わりな、奇数の

That's an **odd**-looking ghost.
変な幽霊だね。

□ 0695

rid

【ríd】ゥリッドゥ

動 取り除く、除去する

I am **ridding** myself of stress.
私はストレスをなくしているの。

□ 0696

wound

【wúːnd】ウーンドゥ

名 傷、けが、（名誉・感情などへの）痛手

He suffered a severe **wound.**
彼は重傷を負いました。

□ 0697

rural

【rʊ́(ə)rəl】ゥルーローゥル

形 田舎の、農業の

I love the smell of **rural** areas.
田園地域の香りが大好き。

□ 0698

clue

【klúː】クルー

名 手がかり、糸口

Can you give me a **clue**?
ヒントをくれますか？

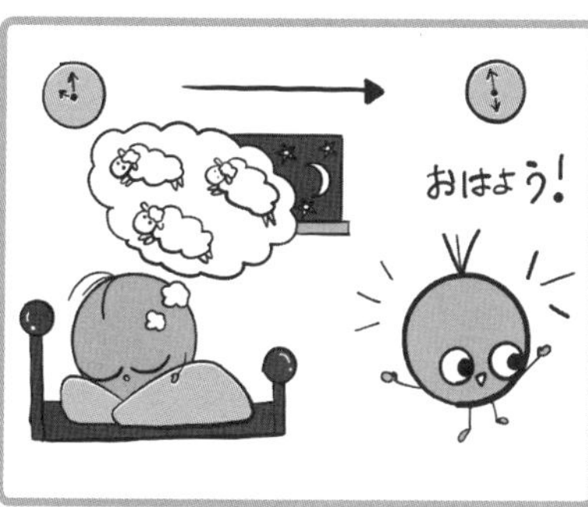

□ 0699

ensure

【ɪnʃʊ́ɚ】エンシューァ

動 確実にする、保証する、確保する

Good sleep **ensures** good health.
いい睡眠で健康を確実に手に入れる。

□ 0700

adjust

【ədʒʌ́st】アジャストゥ

動 調節する、調整する

Can you **adjust** the size of this ring?
この指輪のサイズを調整してくれますか？

□ 0701

indicate

【índɪkèɪt】インディケーイトゥ

動 指し示す、表す

This **indicates** a happy face.
これは幸せな顔を表します。

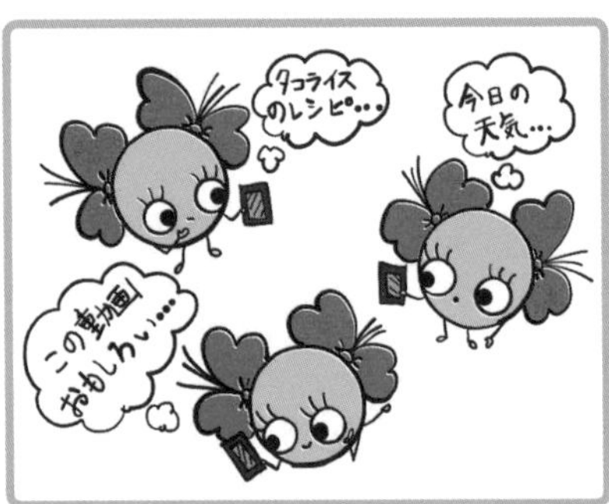

□ 0702

everyday

【évridèɪ】エヴィデーイ

形 毎日の、日常の、ありふれた、平凡な

Smartphones are a part of **everyday** life.
スマホは日常生活の一部です。

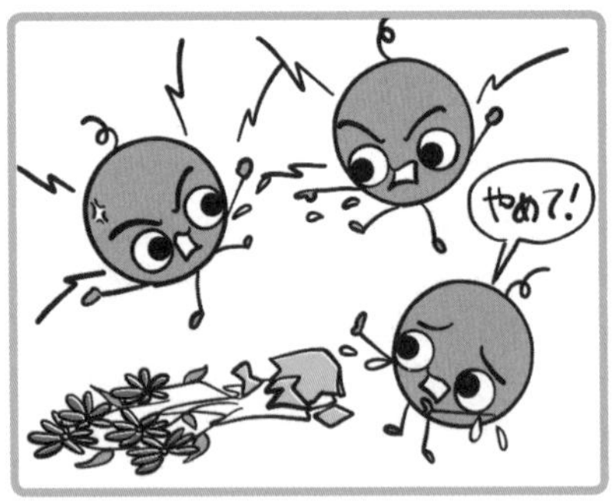

□ 0703

argue

【ɑ́ɚgjuː】アーギュー

動 言い争う、論議する、主張する

Stop **arguing**!
言い争いはやめて！

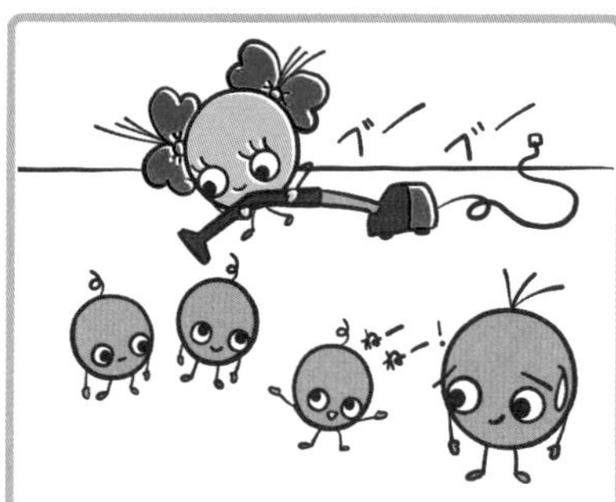

□ 0704

convince

【kənvíns】クンヴィンス

動 確信させる、納得させる

Can you **convince** Mom to go to Disneyland?

ディズニーランドに行くようママを説得してくれる？

□ 0705

experiment

【ekspérəmənt】エックスペウィメントゥ

名 実験、試み

動 実験をする

They did a cooking **experiment**.

彼らは料理実験をしました。

□ 0706

responsibility

【rɪspɑ̀nsəbílətɪ】ウイスポンスィビリティ

名 責任、義務、負担

It's your **responsibility** to walk the dog.

犬のお散歩はあなたの義務ね。

□ 0707

ordinary

【ɔ́ɚdənèri】オーゥディネウィ

形 普通の、平凡な

It's just an **ordinary** teddy bear.
ただの平凡なクマのぬいぐるみじゃん。

□ 0708

cope

【kóʊp】コゥプ

動 うまく処理する、～と対抗する

How do you **cope** with stress?
ストレスにどのように対処しているの?

□ 0709

warning

【wɔ́ɚnɪŋ】ゥオーニン

名 警告、注意、前兆

That's a funny **warning.**
おもしろい注意標識だな。

□ 0710
discipline
【dísəplɪn】**ディ**スィプリンヌ
名 訓練、自制心、しつけ

We all need self-**discipline**.
私たちはみんな自制が必要です。

□ 0711
compete
【kəmpíːt】クン**ピー**トゥ
動 競争する、競い合う

He **competes** against his rival.
彼はライバルと競争します。

□ 0712
refund
【rɪfʌ́nd】ゥイー**ファ**ンドゥ
名 払い戻し
動 払い戻す、返済する

I would like a **refund**.
返金してもらいたいです。

□ 0713

dedicate

【dédɪkèɪt】デディケイトゥ

動 〜にささげる、〜に専念する

I **dedicate** this song to you.
この歌は君にささげるよ。

□ 0714

modify

【mάdəfàɪ】マーディファイ

動 修正する、（部分的に）変更する

You should **modify** the wheels.
車輪を改造したほうがいいよ。

□ 0715

tough

【tʌ́f】タッフ

形 かたい、頑丈な

I'm a **tough** guy.
俺はたくましい男だ。

□ 0716

industry

【índəstri】インドゥスチュイー

名 産業、～業

She found success in the fashion **industry**.

彼女はファッション業界で成功を収めました。

□ 0717

represent

【rèprɪzént】ウイプイゼントゥ

動 表す、象徴する

What does this drawing **represent**?

この絵は何を表しているのかな？

□ 0718

assist

【əsíst】アスィストゥ

動 手伝う、援助する

How can I **assist** you?

何かお手伝いしましょうか？

□ 0719

grocery

【gróʊs(ə)ri】グオーゥスイ

名 食料品、食料品店

She needs to do some **grocery** shopping.

彼女は食料品の買い出しに行かなくてはなりません。

□ 0720

sue

【súː】スー

動 告訴する、訴える

I will **sue** you!

君を訴える！

□ 0721

confirm

【kənfə́ːrm】クンフーンム

動 確かめる、確認する

Let me **confirm.**

確認させてください。

☐ 0722

hire

【háɪɚ】ハイウー

動 雇う

The magician **hires** an assistant.
マジシャンは助手を雇います。

☐ 0723

swear

【swéɚ】スエーァ

動 誓う、宣誓する、断言する

I **swear** I just saw a ghost!
うそじゃない！　たった今、幽霊を見たんだよ！

☐ 0724

precisely

【prɪsáɪsli】プイサイスリ

副 正確に、精密に、的確に

The shop will open at **precisely** 10 o'clock.
お店は10時ぴったりにオープンします。

□ 0725

disease

【dɪzíːz】ディズィーズ

名 病気

It's not a **disease**!
病気じゃないんだから！

□ 0726

accept

【æksépt】アックセップトゥ

動 受け入れる、引き受ける、認める

He **accepted** the offer.
彼はオファーを受け入れました。

□ 0727

identification

【aɪdèntəfɪkéɪʃən】アイデンティフィケイシュン

名 同一であることの証明、身分証明

Identification papers, please.
身分証明書をお願いします。

☐ 0728

specifically

【spɪsífɪkəli】スペスィフィクリ

副 明確に、はっきりと、とくに

He is **specifically** interested in snakes.

彼はとくにヘビに興味があります。

☐ 0729

ill

【íl】イゥル

形 病気で、具合が悪くて

He is **ill**.

彼は病気です。

☐ 0730

precise

【prɪsáɪs】プイサイス

形 正確な、明確な

I can't find the **precise** location.

正確な場所が見つからない。

□ 0731

immediately

【ɪmíːdiətli】イッミーディアトゥリ

副 直ちに、早速、直接に

Wipe the spills **immediately**!

こぼれた水を今すぐ拭きなさい！

□ 0732

seek

【síːk】スィーク

動 捜す、求める

They play hide and **seek**.

彼らはかくれんぼをします。

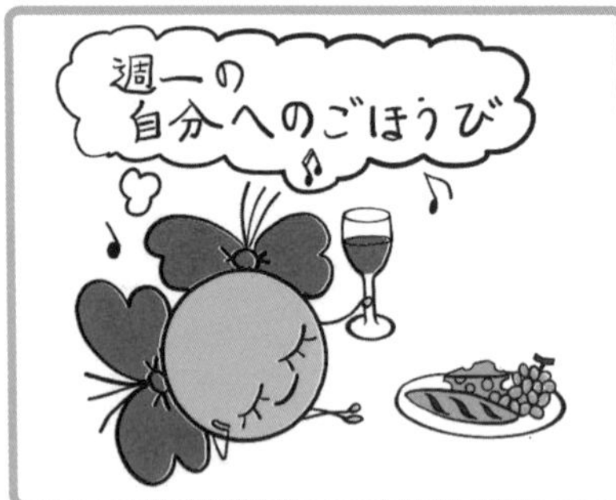

□ 0733

weekly

【wíːkli】ウイークリ

形 毎週の、１週１回の

副 毎週、１週１回

I need my **weekly** dose of relaxation.

私には週一のリラックスタイムが必要なの。

□ 0734

curious

【kjʊ́(ə)riəs】**キュ**ーウィゥス

形 好奇心の強い、気になる

He is **curious** about the box.
彼は箱が気になります。

□ 0735

tremendous

【trəméndəs】チュア**メ**ンドゥッス

形 ものすごい、巨大な、
とても大変な

You are a **tremendous** help.
ものすごく助かるわ。

□ 0736

delay

【dɪléɪ】ディ**レ**イ

動 遅らせる、延ばす
名 遅延、遅延時間

The train is **delayed**.
電車が遅れています。

□ 0737

whenever

【(h)wenévɚ】ウエネヴー

接 〜するときにはいつでも、〜するたびに

Whenever you're ready...
こっちはとっくに準備ができてるよ……。

□ 0738

as

【ǽz】アズ

前 〜として　**副** 同じくらい
接 〜と同じくらい

I work **as** a chef.
ぼくはコックです。

□ 0739

emergency

【ɪmə́ːdʒənsi】イムージュンスィー

名 非常時、緊急
形 非常用の、緊急の

The government declared a state of **emergency**.
政府は緊急事態宣言を発令しました。

□ 0740

avoid

【əvɔ́ɪd】アヴォイドゥ

動 避ける、回避する

You should **avoid** negative people.
マイナス思考の人は避けるべきです。

□ 0741

frequently

【fríːkwəntli】フイークェントゥリ

副 しばしば、たびたび

He is **frequently** sick.
彼はよく病気になります。

□ 0742

attract

【ətrǽkt】アチュアックトゥ

動（魅力などで）引きつける、魅惑する

Flowers **attract** bees.
花はハチを引き寄せます。

□ 0743

phenomenon

【fənάmənὰn】フェナーメヌン

名 現象、事象

That's a strange **phenomenon**.
あれは不思議な現象だ。

□ 0744

abuse

【əbjú:z】アビューズ

動 乱用する、悪用する

He **abuses** alcohol.
彼はアルコールを乱用します。

□ 0745

intelligent

【ɪntélədʒənt】インテリジュントゥ

形 理解力のある、聡明な、利口な

This dog is **intelligent**!
この犬、頭がいい！

□ 0746

theory

【θíːəri】ティオゥイー

名（実際に対して）理論、理屈、仮説

She has never studied **theory** but she plays well.

彼女は理論を勉強したことがないけれど、上手に弾きます。

□ 0747

adequate

【ǽdɪkwət】アーデクェットゥ

形（ある目的に）足りる、十分な

An **adequate** amount of vitamins keeps us healthy.

適切なビタミン量は私たちの健康を保ちます。

□ 0748

overall

【óʊvəɔ̀ːl】オゥヴオーゥル

形 全部の、総体的な

副 全体的に見て

What's your **overall** parenting style?

あなたの全体的な子育てスタイルってどんなスタイル？

STEP1 STEP2 STEP3

□ 0749

issue

【íʃuː】 **イ**シュー

名 重要な点、問題点
動 （出版物などを）出す

He's had some health **issues** recently.
彼は最近、健康問題を抱えています。

□ 0750

overcome

【òʊvə-kʌ́m】 オゥヴ**カ**ンム

動 （敵・困難などに）打ち勝つ、乗り越える

He must **overcome** his fear of puppies.
彼は子犬に対する恐怖を克服しなければなりません。

□ 0751

settle

【sétl】 **セ**トゥーゥル

動 （最終的に）決める、解決する

Let's **settle** the dispute.
争いを解決しようよ。

□ 0752

therefore

【ðéə·fɔə】デゥフォーア

副 それゆえに、従って、それによって

I think, **therefore** I am.
われ思う、ゆえにわれあり。

□ 0753

depict

【dɪpíkt】デピックトゥ

動（絵画・映画などで）～を描く

This painting **depicts** Napoleon.
この絵はナポレオンを描いたものです。

□ 0754

landscape

【lǽn(d)skèɪp】ラーンスケイプ

名 景色、風景、見晴らし

What a beautiful **landscape**!
なんて美しい景色！

□ 0755

acknowledge

【əknάlɪdʒ】アックナーレッジュ

動 認める

He **acknowledges** her talent.
彼は彼女の才能を認めます。

□ 0756

lawyer

【lɔ́ːjɚ】ローユー

名 弁護士

My children are little **lawyers**.
私の子どもたちは小さな弁護士です。

□ 0757

whereas

【(h)wèɚǽz】ウエゥアーズ

接 〜であるのに、〜に反して

I like winter **whereas** he likes summer.
私は冬が好きだけど、彼は夏が好きです。

☐ 0758

ad

【ǽd】アーッドゥ

名 広告

This is an **ad** for a diet product.

これはダイエット製品の広告です。

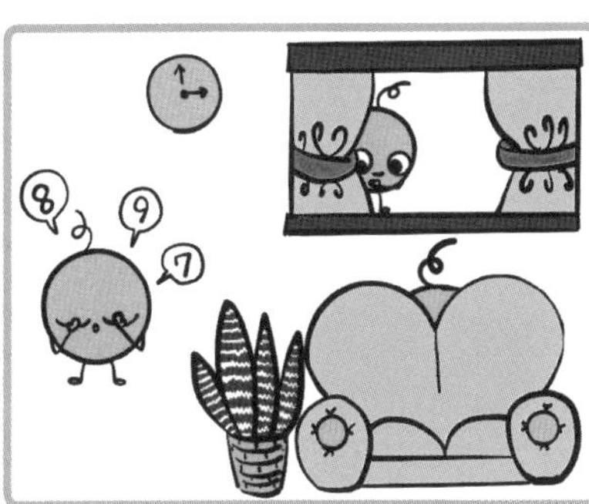

☐ 0759

count

【káʊnt】キャウントゥ

動 数える、大切である、当てにする

Count to ten.

10まで数えて。

☐ 0760

likely

【láɪkli】ライクリ

副 たぶん、おそらく

They will **likely** get married in the future.

将来、彼らは結婚するでしょう。

□ 0761

alert

【əlә́ːrt】アルートゥ

形 油断のない、警戒して
動 警報を出す、注意する

Stay **alert**!
注意を維持して！

□ 0762

wise

【wáɪz】ゥワーイズ

形（人・行動などが）賢い

The **wise** owl teaches English.
賢いフクロウが英語を教えています。

□ 0763

long-term

【lɔ́ŋtә́ːrm】ローングトゥーンム

形 長期の

I want a **long-term** relationship.
ぼくは長い付き合いを望んでいます。

☐ 0764

presence

【prézns】プエズンス

名 存在、出席

The body needs the **presence** of good bacteria.

体にはいいバクテリアの存在が必要です。

☐ 0765

luck

【lʌ́k】ラック

名 運、幸運

Four-leaf clovers bring good **luck**.

四つ葉のクローバーは幸運をもたらすんだよ。

☐ 0766

distance

【dístəns】ディストゥンス

名 距離、道のり

The **distance** to Mount Fuji is 10 kilometers.

富士山までの距離は 10 キロです。

□ 0767

maintain

【meɪntéɪn】メインテーィン

動 持続する、維持する、整備する

She **maintains** her balance.
彼女はバランスを保っています。

□ 0768

pretend

【prɪténd】プイテンドゥ

動 ～のふりをする、～を偽って主張する

He **pretends** to be a pirate.
彼は海賊のふりをしています。

□ 0769

propose

【prəpóʊz】プオポーゥズ

動 提案する

I **propose** that we go all the way up.
上まで行くべきだと思う。

□ 0770

affect

【əfékt】アフェックトゥ

動 影響を及ぼす、悪影響を及ぼす、感動させる

The weather **affected** him.

天気が彼に悪影響を及ぼしました。

□ 0771

prevent

【prɪvént】プイヴェントゥ

動 予防する、防止する

Masks **prevent** the virus from spreading.

マスクはウイルスが広がるのを防ぎます。

□ 0772

certain

【sə́ːtn】スートゥン

形 確かだと思う、確実な

I am **certain** I still had cookies left.

絶対にクッキーが残っていたはずだよ。

□ 0773

extraordinary

【ɪkstrɔ́ɚdənèri】
エックスチュア**オ**ーゥディネウィ

形 驚くほどの、異常な

He has an **extraordinary** dream.
彼はすごい夢を見ます。

□ 0774

whether

【(h)wéðɚ】ゥ**エ**ドゥー

接 ～かどうか、～か～か

Whether you're 16 or 116, you'll always be beautiful.
16 歳であろうと 116 歳であろうと、君はいつでも美しいよ。

□ 0775

mess

【més】**メ**ッス

名 混乱、めちゃくちゃ

What a **mess**!
なんて散らかっているの！

□ 0776

previous

【príːviəs】プイーヴィウッス

形 前の、以前の

The **previous** owner loved hedgehogs.

前の持ち主はハリネズミが大好きでした。

□ 0777

offend

【əfénd】オフェンドゥ

動 怒らせる、感情をそこなう

The fan was **offended** by his attitude.

彼の態度にファンは気分を害しました。

□ 0778

enormous

【ɪnɔ́ɚməs】イノーゥムッス

形 巨大な、ずば抜けた

What an **enormous** squirrel!

なんて大きなリス！

□ 0779

sun

【sʌ́n】サンヌ

名 太陽、日光、日なた

Don't get too close to the **sun**.
太陽にあまり近づかないでね。

□ 0780

moon

【múːn】ムーンヌ

名 月、(惑星の)衛星

He is sleeping on the **moon**.
彼は月の上で寝ています。

□ 0781

sufficient

【səfíʃənt】スフィッシュントゥ

形 十分な、十分で

I think we have **sufficient** food.
食べ物は十分にあると思うよ。

□ 0782

reflect

【rɪflékt】ウイフ**レ**ックトゥ

動 反射する、反響する

The puddle **reflects** the moon.
水たまりに月が反射しています。

□ 0783

enforce

【ɪnfɔ́ɚs】エンフ**ォ**ーウス

動（法律などを）実施する

The mother **enforced** a new rule.
お母さんは新しいルールを実施しました。

□ 0784

celebrity

【səlébrəti】セ**レ**ブイティー

名 有名人

She is a famous **celebrity.**
彼女は有名なセレブだよ。

□ 0785

nerve

【nə́ːv】ヌーヴ

名 神経、イライラ、ずうずうしさ

The noisy kids are getting on my **nerves.**

うるさい子どもたちにイライラする。

□ 0786

confuse

【kənfjúːz】クン**フュ**ーズ

動 混乱させる、区別がつかない

She is **confused.**

彼女は混乱しています。

□ 0787

transform

【trænsfɔ́ɚm】チュアンス**フォ**ーゥム

動 一変させる、(すっかり)変える

Exercise **transformed** her completely.

エクササイズで彼女は完全に変身しました。

☐ 0788

occasionally

【əkéɪʒ(ə)nəli】オケーイジュヌリ

副 時折、ときどき

I **occasionally** buy flowers.
私はときどき花を買います。

☐ 0789

nowhere

【nóʊ(h)wèɚ】ノウゥエーァ

副 どこにも～ない
名 実在しない場所

We're in the middle of **nowhere**.
ここは何もない場所だね。

☐ 0790

objective

【əbdʒéktɪv】オッブ**ジェ**ックティヴ

名 目標、目的
形 客観的な

The **objective** is to double our sales.
目標は売上を 2 倍にすることです。

STEP1 STEP2 STEP3

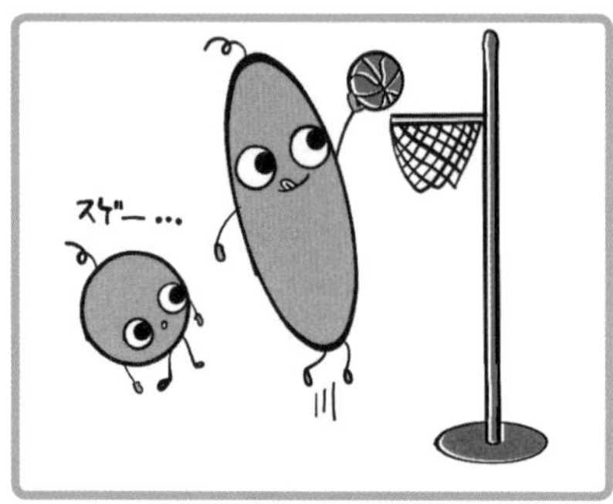

☐ 0791

advantage

【ədvǽntɪdʒ】アッドゥ**ヴァ**ーンテッジュ

名 有利、好都合、強み

To be tall is an **advantage** in basketball.

バスケでは背が高いのは強みです。

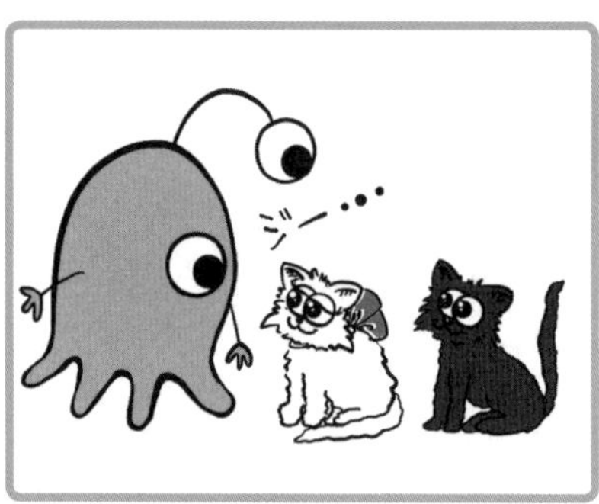

☐ 0792

observe

【əbzə́ːv】オッブ**ズ**ーヴ

動 観察する、監視する

The alien is **observing** the cats.

宇宙人はネコたちを観察しています。

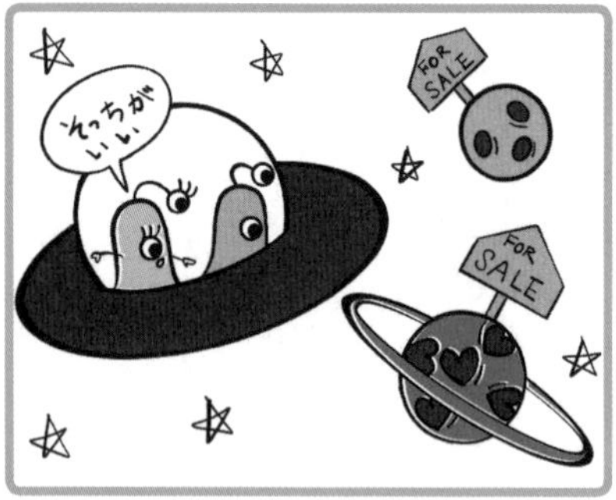

☐ 0793

prefer

【prɪfə́ː】プイ**フ**ー

動 ～のほうを好む、～のほうがいい

I **prefer** that planet.

その惑星のほうが好きだな。

□ 0794

consist

【kənsíst】クンスィストゥ

動 成る、(本質的に)存する

This cake **consists** mainly of sugar, flour, and butter.

このケーキは主に砂糖、小麦粉とバターから成ります。

□ 0795

nor

【nɔ́ɚ】ノーァ

接 ～もまた～ない

This is neither the time **nor** the place to laugh.

今この場で笑ってはいけません。

□ 0796

diverse

【dàɪvə́ːs】ダイヴース

形 種々の、多様な

She has **diverse** interests.

彼女には多様な趣味があります。

□ 0797

ongoing

【ángòʊɪŋ】アーンヌゴイン

形 進行中の

He suffers from **ongoing** problems such as memory loss.
彼は記憶喪失などの問題にずっと悩まされています。

□ 0798

coast

【kóʊst】コーゥストゥ

名 (大陸・大きな島などの)海岸、沿岸

He is sitting on the **coast**.
彼は海岸に座っています。

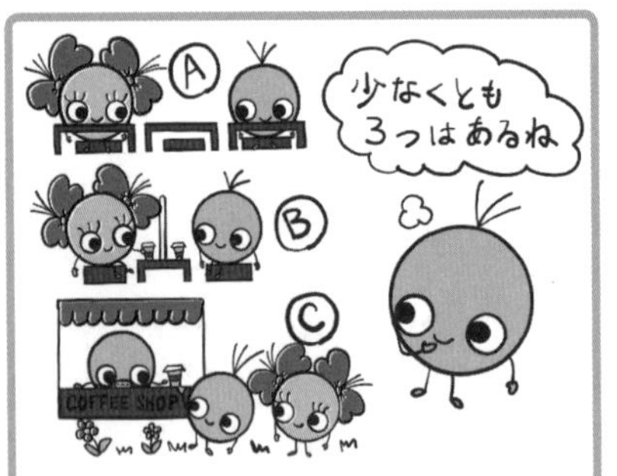

□ 0799

option

【ápʃən】アーップシュン

名 選択肢

What are the **options**?
どんな選択肢がある?

Body Parts 体の部位

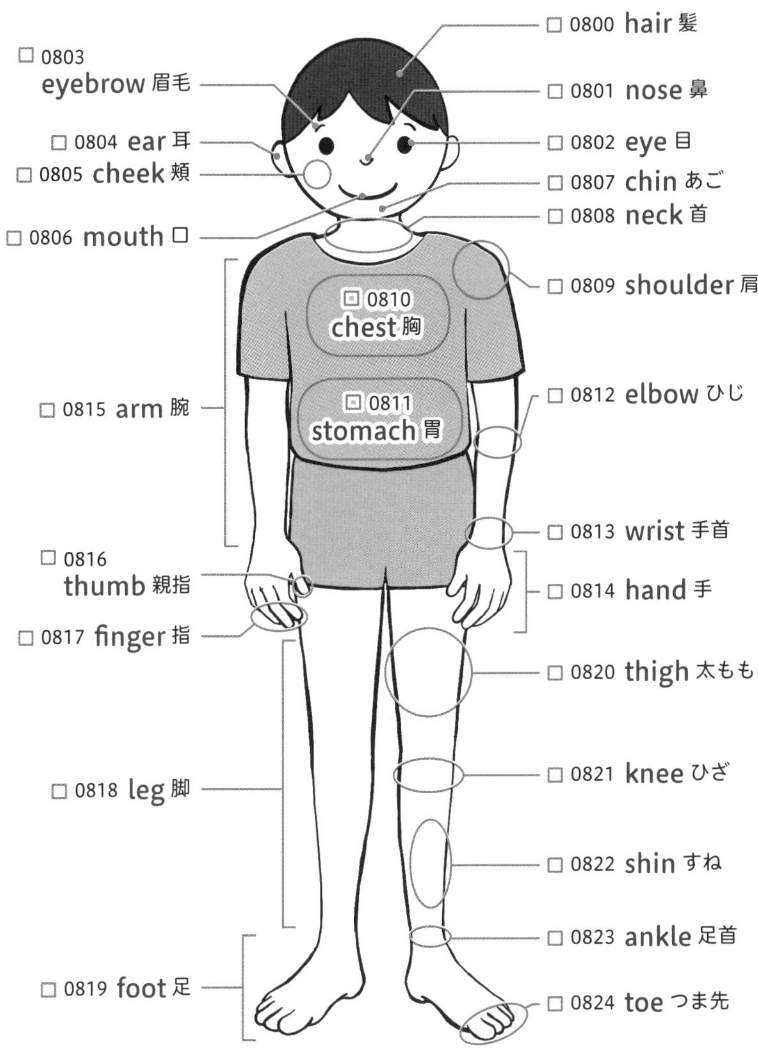

☐ 0800 hair 髪
☐ 0803 eyebrow 眉毛
☐ 0801 nose 鼻
☐ 0804 ear 耳
☐ 0802 eye 目
☐ 0805 cheek 頬
☐ 0807 chin あご
☐ 0808 neck 首
☐ 0806 mouth 口
☐ 0809 shoulder 肩
☐ 0810 chest 胸
☐ 0815 arm 腕
☐ 0811 stomach 胃
☐ 0812 elbow ひじ
☐ 0813 wrist 手首
☐ 0816 thumb 親指
☐ 0814 hand 手
☐ 0817 finger 指
☐ 0820 thigh 太もも
☐ 0821 knee ひざ
☐ 0818 leg 脚
☐ 0822 shin すね
☐ 0823 ankle 足首
☐ 0819 foot 足
☐ 0824 toe つま先

☐ 0825

extreme

【ekstríːm】エックスチュイーンム

形 過激な、極端な、先端の

Wakeboarding is an **extreme** sport.

ウェイクボードは過激なスポーツだ。

☐ 0826

moderate

【mάdərət】マードゥエットゥ

形 節度のある、穏健な

動 ～を節制する、やわらぐ

Moderate exercise keeps you healthy.

適度な運動はあなたの健康を保ちます。

☐ 0827

refugee

【rèfjʊdʒíː】ウエフュジー

名 避難者、難民、逃亡者

Refugees arrive on Planet X.

難民たちは惑星 X に到着します。

□ 0828
involve
【ɪnválv】インヴォーゥルヴ
動 巻き込む、関係させる

This doesn't **involve** you!
これは君には関係ないことだから！

□ 0829
regarding
【rɪgáɚdɪŋ】ウイガーディン
前 〜に関しては、〜の点では

Regarding the new sofa...
新しいソファについてだけど……。

□ 0830
regardless
【rɪgáɚdlʌs】ウイガードゥレッス
形 （〜に）注意しない
副 とにかく、それにもかかわらず

I welcome everyone, **regardless** of where they come from.
出身地に関係なく、全員受け入れます。

STEP1 STEP2 STEP3

□ 0831

others

【ʌ́ðɚz】アドゥーズ

代（他の複数の）人・物

We should help **others.**

私たちは他人を助けるべきです。

□ 0832

painful

【péɪnf(ə)l】ペインヌフーゥル

形 痛い、苦痛を与える、苦しい

That looks **painful.**

それ、痛そう。

□ 0833

admit

【ədmít】アッドゥミットゥ

動 認める、入ることを許す、明かす

Admit it!

認めなさい！

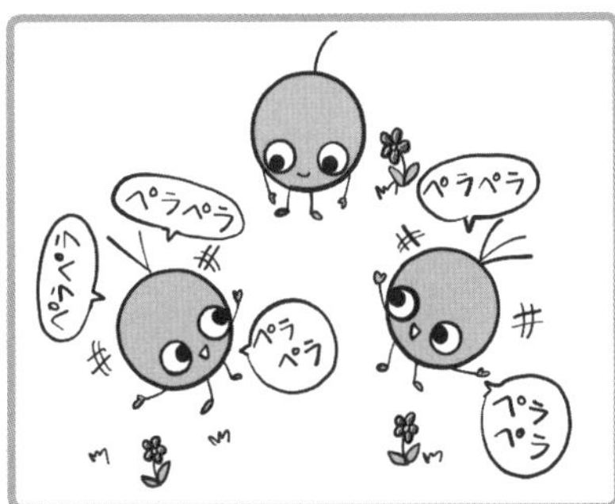

□ 0834

generally

【dʒén(ə)rəli】 ジェヌゥアリ

副 一般に、広く、普段は

He is **generally** quiet.
彼は普段はおとなしいです。

□ 0835

itself

【ɪtsélf】 イッツセウフ

代 それ自身、そのもの

It wraps **itself** in a cocoon.
幼虫は自分の体をまゆで包みます。

□ 0836

pale

【péɪl】 ペーイゥル

形 青白い、青ざめた、(色が)薄い

You look **pale**.
顔色が悪いね。

□ 0837

urge

【ə́ːdʒ】ウージュ

動（～をある方向に）急がせる、～するよう促す

The teacher **urged** the students to hide under the table.
先生は生徒たちにテーブルの下に隠れるよう促しました。

□ 0838

particularly

【pə-tíkjʊlə-li】パゥティキュルーリ

副 とくに、とりわけ

He walks **particularly** fast.
彼はとくに歩きが速いです。

□ 0839

region

【ríːdʒən】ゥイージュン

名 地域

This **region** is cold.
この地域は寒い。

☐ 0840

path

【pǽθ】パース

名 小道、通路、進路、方向

Am I on the right **path**?

道、合っているかな？

☐ 0841

aim

【éɪm】エインム

動 目指す、狙う

名 目的、狙い、心がけ

You should **aim** high.

高い志を持つべきです。

☐ 0842

register

【rédʒɪstɚ】ゥエジストゥー

動 登録する、記載する

You must **register** your name to join the class.

クラスに参加するにはお名前を登録する必要があります。

STEP1 STEP2 STEP3

□ 0843

significant

【sɪgnífɪkənt】スィッグニフィケントゥ

形 かなりの、著しい

There was a **significant** change to his body.
彼の体にかなりの変化がありました。

□ 0844

perceive

【pə-síːv】プースィーヴ

動 ～を知覚する、～に気づく、～を理解する

We all **perceive** things differently.
私たちはものの見方がそれぞれ違う。

□ 0845

ingredient

【ɪngríːdiənt】イングイーディエントゥ

名 成分、原料、（料理の）材料

What **ingredients** do I need?
材料は何が必要？

☐ 0846

regularly

【régjʊlɚli】 ウ**エ**ギュルーリ

副 規則正しく、定期的に、いつものように

I **regularly** brush my teeth.
定期的に歯を磨きます。

☐ 0847

ashamed

【əʃéɪmd】 ア**シェ**ーインムドゥ

形 恥じて、恥ずかしがって

You should be **ashamed** of yourself!
恥ずかしくないの！？

☐ 0848

person

【pɚ́ːsn】 **プ**ースン

名 人、人間

You're a good **person.**
君はいい人だ。

☐ 0849

vehicle

【víː(h)ɪkl】ヴィーイクーゥル

名 乗り物、輸送機関、伝達手段

There are many types of **vehicles.**

いろいろな乗り物が存在します。

☐ 0850

suicide

【súːəsàɪd】スーゥイサイドゥ

名 自殺、自殺的行為、自滅

It would be **suicide** to marry him.

彼と結婚するのは自殺行為だよ。

☐ 0851

slightly

【sláɪtli】スライットゥリ

副 わずかに、少し、きゃしゃに

Your wig is **slightly** too small, no?

カツラ、ちょっと小さくない?

□ 0852

weigh

【wéɪ】 ゥエーイ

動 ～の目方を量る、体重を量る、重さが～である

She **weighs** herself.
彼女は体重を量ります。

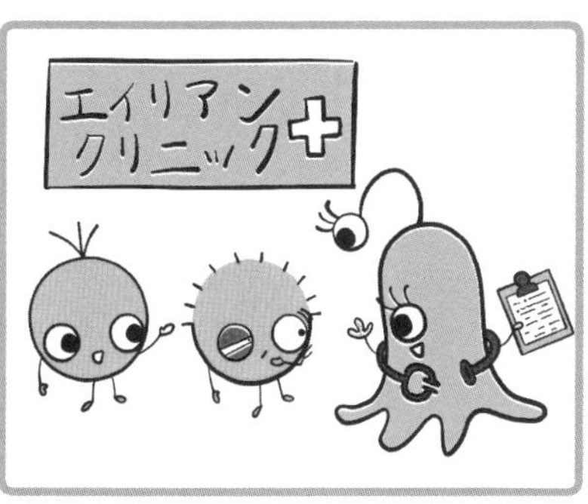

□ 0853

physician

【fɪzíʃən】 フィズィシュン

名 医師、（とくに）内科医

She's an excellent **physician**.
彼女はすぐれた医者だよ。

□ 0854

tail

【téɪl】 テーイゥル

名（動物の）しっぽ、尾のようなもの

Don't pull on his **tail**!
しっぽを引っ張らないで！

□ 0855

eliminate

【əlímənèɪt】エリミネイトゥ

動 ～を除く、削除する

Aliens will **eliminate** cedar pollen.

宇宙人たちがスギ花粉をなくすよ。

□ 0856

primitive

【prímətɪv】プイミティヴ

形 原始の、初期の、幼稚な、古風な

Primitive people lived in caves.

原始人は洞窟に住んでいた。

□ 0857

spin

【spín】スピン

動 紡ぐ、急回転させる

Can you please **spin** the wheel?

回転円板を回してくれますか？

□ 0858

ruin

【rúːɪn】ゥルーインヌ

動 台無しにする
名 破滅、破産、没落、廃墟

You **ruined** my cake!
私のケーキを台無しにした！

□ 0859

potential

【pəténʃəl】プテンショーゥル

名（将来の）可能性
形（将来の）可能性のある

She has the **potential** to become an artist.
彼女は画家になる素質があります。

□ 0860

coincidence

【koʊínsədns】コインスィドゥンス

名（出来事が）同時に起こること、偶然の一致

What a **coincidence**!
なんて偶然！

□ 0861

slip

【slíp】スリップ

動 滑る、ずり落ちる、忍び込む

Be careful. You might **slip**.
すべるから気をつけて。

□ 0862

aside

【əsáɪd】アサーイドゥ

副 わきへ、別にして、とっておいて

Can you put this **aside** for me?
これをとっておいてくれる？

□ 0863

honest

【ánəst】オーネストゥ

形 正直な、誠実な、信頼できる

He is **honest**.
彼は正直だ。

☐ 0864

predict

【prɪdíkt】プイディックトゥ

動 予言する、予報する

The fortune teller **predicts** her future.

占い師が彼女の未来を予測します。

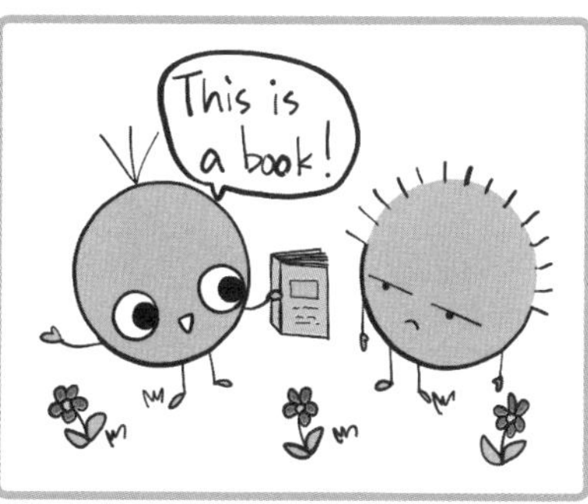

☐ 0865

obvious

【ábviəs】アーッブヴィゥス

形 明らかな、当たり前の

Isn't that **obvious**?

見てわかるだろ？

☐ 0866

literally

【lítərəli】リトゥアリ

副 文字どおりに、本当に

We **literally** have one minute to catch the next train.

乗り換えの電車まで本当に１分だよ。

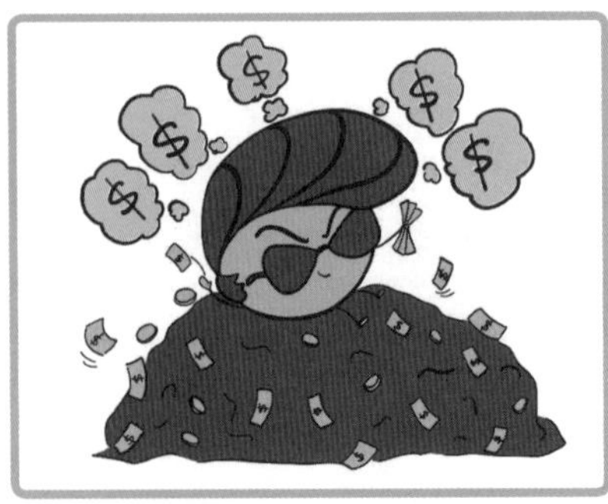

□ 0867

principal

【prínsəp(ə)l】プインスィポーゥル

形 主な、主要な、第一の

名 校長、学長

His **principal** interest in life is money.

彼が人生で最も関心のあるものはお金です。

□ 0868

manage

【mǽnɪdʒ】マーネッジュ

動 どうにか成し遂げる、処理する、経営する

There are many ways to **manage** stress.

ストレスとうまく付き合う方法はたくさんあります。

□ 0869

basically

【béɪsɪkəli】ベーイスィクリ

副 基本的に

I **basically** eat everything.

基本的に何でも食べます。

□ 0870

might

【máɪt】マイトゥ

助 ～かもしれない
名 力、勢力

I **might** have a solution.
解決策があるかも。

□ 0871

loose

【lúːs】ルース

形 ゆるい、締まりのない、放たれた

This skirt is too **loose.**
このスカートはゆるすぎる。

□ 0872

prior

【práɪɚ】プアーイウー

形 前の、先の

She had no **prior** knowledge of the rule.
彼女はルールについて事前知識がありませんでした。

STEP1 STEP2 STEP3

☐ 0873

stir

【stə́ː】ストゥー

動 ～でかき回す、～を奮起させる

Can you please **stir** the pot?
鍋をかき混ぜてくれる？

☐ 0874

prison

【prízn】プイズン

名 刑務所

He went to **prison** for stealing bread.
彼はパンを盗んだために刑務所に入りました。

☐ 0875

quit

【kwít】クイットゥ

動 やめる、断念する

He **quit** his job.
彼は仕事をやめました。

☐ 0876

allow

【əláʊ】アラーゥ

動 許す、入るのを許可する、可能にする

Squirrels are not **allowed** here.
ここはリス禁止だ。

☐ 0877

product

【prádʌkt】プオーダックトゥ

名 製品、産物、結果

He bought a new **product**.
彼は新しい製品を買いました。

☐ 0878

suitable

【súːtəbl】スータブー

形 適当な、適切な、適した

This movie is **suitable** for kids.
この映画は子ども向けです。

☐ 0879

universal

【jùːnəvə́ːsl】ユニヴァーソゥル

形 一般的な、例外なく当てはまる、万人共通の

A smile is a **universal** language.
笑顔は世界の共通語です。

☐ 0880

reject

【rɪdʒékt】ウイジェックトゥ

動 拒絶する、却下する、不合格にする

She **rejected** my suggestion.
彼女はぼくの提案を拒否しました。

☐ 0881

unlikely

【ʌ̀nláɪkli】アンライクリ

形 ありそうもない、〜しそうでない

It is **unlikely** that it will rain.
雨は降りそうにない。

□ 0882

unknown

【ʌ̀nnóʊn】アンノーゥンヌ

形 未知の、不明の、無名の
名 未知の世界

This is an **unknown** virus.
これは未知のウイルスです。

□ 0883

relate

【rɪléɪt】ウイレイトゥ

動 ～を～と関係させる、関連がある

Poverty and crime are closely **related**.
貧困と犯罪は密接な関係があります。

□ 0884

select

【səlékt】スレックトゥ

動 選ぶ

Select a number.
数字を選んで。

□ 0885

talent

【tǽlənt】**タ**ールントゥ

名（特殊な）才能

You have a true **talent**.
君、真の才能があるな。

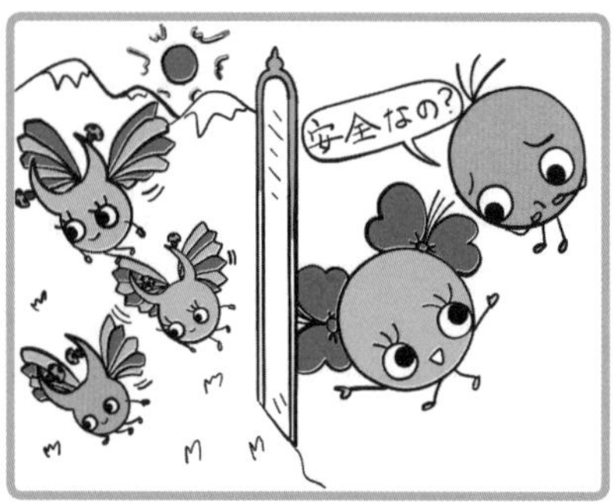

□ 0886

unless

【ənlés】アン**レ**ッス

接 ～でない限り
前 ～を除いては

You will never know **unless** you try.
やってみなくちゃわからないでしょ。

□ 0887

self

【sélf】**セ**ゥルフ

名 自分、自身、自己

She drew a **self**-portrait.
彼女は自画像を描きました。

□ 0888

relief

【rɪlíːf】ゥイリーフ

名（苦痛・心配などの）除去、ほっとすること、（難民などの）救助

It's a **relief** to get back home.
家に帰るとホッとする。

□ 0889

proud

【práʊd】プアーゥドゥ

形 誇って、自慢して、誇らしげな、自尊心のある

I'm **proud** of you!
えらいね！

□ 0890

solid

【sálɪd】サーリッド

形 固体の、（物質が）密で堅い、（学問など）基礎のしっかりした

Ice is **solid** water.
氷は固形の水です。

□ 0891

unlike

【ʌnláɪk】アンライク

前 ～と似ないで、～と違った、～らしくなく

Unlike you, I love my life.
あなたと違って私は私の人生が大好き。

□ 0892

psychological

【sàɪkəlɑ́dʒɪk(ə)l】サイコラージコゥル

形 心理的な、精神の、心理学の

He does a **psychological** test.
彼は心理テストを受けます。

□ 0893

collapse

【kəlǽps】クラーップス

動 つぶれる、崩壊する

The tree **collapsed** during the storm.
嵐で木が倒れました。

□ 0894

rely

【rɪláɪ】ウイラーイ

動 信頼する、当てにする、頼る

You can always **rely** on me.
いつでも私に頼ってね。

□ 0895

probably

【prábəbli】プアーブブリ

副 たぶん、おそらく

It's **probably** just your imagination.
気のせいだよ。

□ 0896

rarely

【réəli】ウエーゥリ

副 めったに～しない、まれに

They **rarely** go out to eat.
彼らはめったに外食しません。

STEP1 STEP2 STEP3

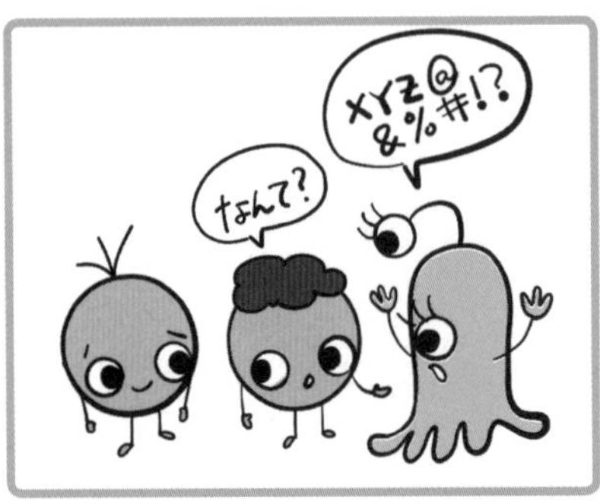

□ 0897

translate

【trǽnslèit】チュアーンスレイトゥ

動 翻訳する

Can you **translate**?
翻訳してくれる？

□ 0898

sigh

【sáɪ】サーイ

動 ため息をつく

The disappointed alien **sighs.**
がっかりした宇宙人はため息をつきます。

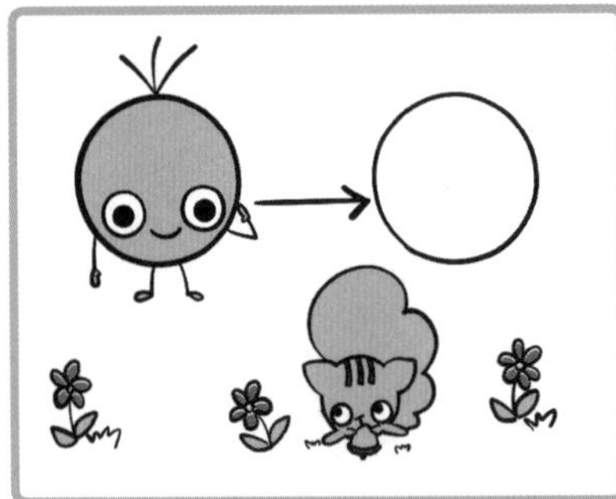

□ 0899

circle

【sə́ːkl】スークーゥル

名 円、(交友・活動などの)範囲

My face is a **circle.**
ぼくの顔は丸だ。

□ 0900

reply

【rɪpláɪ】ゥイプラーイ

動 答える、返事をする

When will he **reply**?
彼はいつ返信するのかな？

□ 0901

despite

【dɪspáɪt】ディスパイトゥ

前 〜にもかかわらず

He goes to work **despite** the cold weather.
寒いにもかかわらず、彼は仕事へ行きます。

□ 0902

recover

【rɪkʌ́vɚ】ゥイカヴー

動 回復する、取り戻す

Japan's economy is **recovering**.
日本の経済は持ち直してきています。

□ 0903

afford

【əfɔ́ɚd】 アフォーゥドゥ

動 余裕がある

We can’t **afford** this.
これを買う余裕がないよ。

□ 0904

murder

【mɚ́ːdɚ】 ムードゥー

動 殺す、台無しにする
名 殺人

He **murdered** Teddy!
テディを殺した！

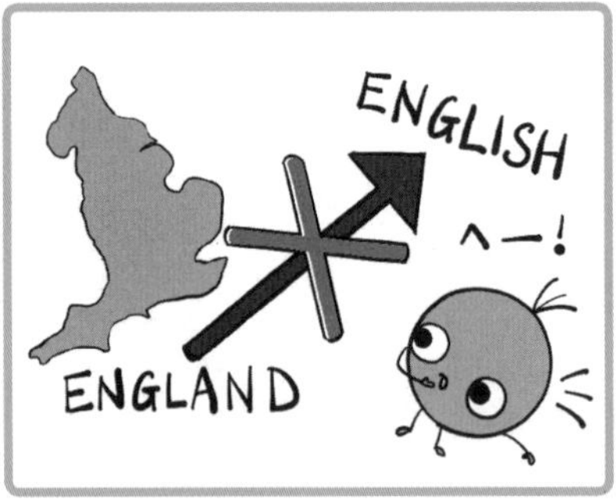

□ 0905

origin

【ɔ́ːrədʒɪn】 オゥイジン

名 起源、発端、原因

The **origin** of the word “English” is not “England.”
「イングリッシュ」の語源は「イングランド」ではありません。

□ 0906

roof

【rú:f】ゥルーフ

名 屋根、屋上

There's a squirrel on the **roof**.

屋根にリスがいるよ。

□ 0907

outcome

【áʊtkʌ̀m】アウッカンム

名 結果、成果

What was the **outcome** of the race?

競争の結果はどうだった？

□ 0908

partly

【páə·tli】パートゥリ

副 一部分は、ある程度は、少しは

You're **partly** right.

あなたの言うことにも一理あるね。

STEP1 STEP2 STEP3

□ 0909
admission
【ədmíʃən】アッドゥミシュン

名 入場、入会、入学、入院、入場料

Admission is free.
入場は無料です。

□ 0910
permanent
【pə́ːmənənt】プーマネントゥ

形 永続する、（半）永久的な、常置の

This tattoo is not **permanent.**
このタトゥーは消えるよ。

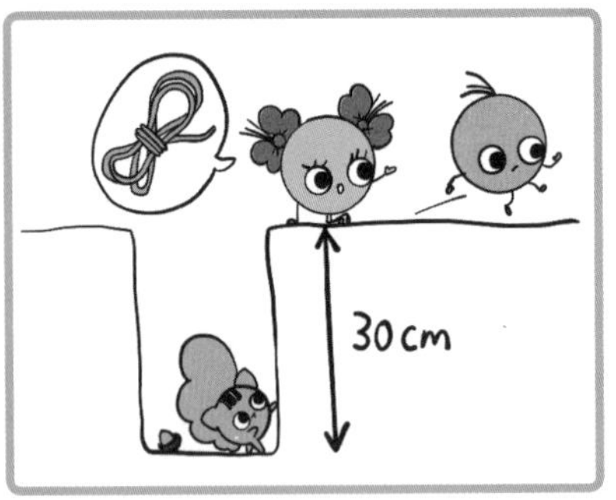

□ 0911
depth
【dépθ】デップス

名 深さ、深み、どん底

The **depth** of the hole is 30 centimeters.
穴の深さは30センチです。

☐ 0912

pay

【péɪ】ペーイ

動 支払う、払う

I have to **pay** him 10 dollars for the book.

彼に本代を 10 ドル払わなければならない。

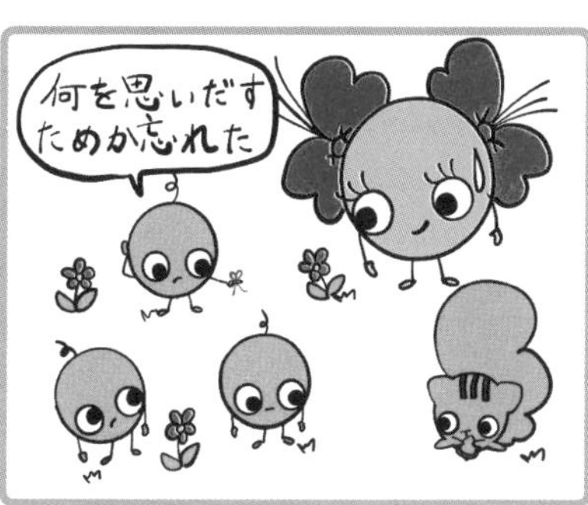

☐ 0913

remind

【rɪmáɪnd】ゥイマインドゥ

動 思い出させる、～することを思い出す

This thread is to **remind** myself of something.

この糸は何かを思い出すためのもの。

☐ 0914

angle

【æŋgl】アングーゥル

名 角度、角

This **angle** is 90 degrees.

この角度は 90 度です。

☐ 0915

remarkable

【rɪmάɚkəbl】ウイマーカブー

形 驚くべき、すぐれた

Which invention is more **remarkable**?

どちらの発明のほうがよりすばらしい？

☐ 0916

upper

【ʌ́pɚ】アプー

形 上のほうの、上位の、上流の

My **upper** stomach hurts.

胃が痛いです。

☐ 0917

protest

【prətést】プオゥテストゥ

動 抗議する、（とくに不信に対して）～を断言する、主張する

The bird **protested** the notice.

小鳥は通知に抗議しました。

☐ 0918

tiny

【táɪni】タイニー

形 ちっぽけな、とても小さい

What a **tiny** world!

なんて小さな世界！

☐ 0919

remaining

【rɪméɪnɪŋ】ゥイメイニン

形 残った、残りの

There are five days **remaining** before Christmas.

クリスマスまであと５日残っている。

☐ 0920

alter

【ɔ́ːltɚ】アゥルトゥー

動 変える

They **altered** their plan.

彼らは計画を変えました。

□ 0921

progress

【prάgrəs】プアーグエッス

名 進歩、発達、発展

He is making **progress.**

彼は進歩しています。

□ 0922

violate

【váɪəlèɪt】ヴァイオレイトゥ

動 （約束・条約・法律などを）犯す、（プライバシーなどを）侵害する

Don't **violate** our privacy!

プライバシーを侵害しないで！

□ 0923

replace

【rɪpléɪs】ウイプレーイス

動 ～に取って代わる、～の後任になる

No robot can **replace** a human being.

どんなロボットも人間に取って代わることはできません。

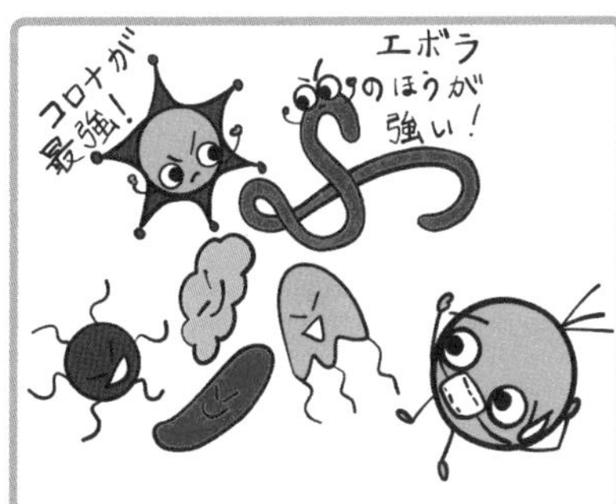

□ 0924

virus

【váɪ(ə)rəs】ヴァイウッス

名 ウイルス

The coronavirus is not the deadliest **virus**.
コロナウイルスは世界で最も死を引き起こすウイルスではない。

□ 0925

complain

【kəmpléɪn】クンプレーイン

動 不平を言う、愚痴をこぼす、苦情を言う

She never **complains**.
彼女は文句を言いません。

□ 0926

require

【rɪkwáɪɚ】ウイクワーユー

動 必要とする、要求する

You **require** sleep.
あなたには睡眠が必要。

□ 0927

extend

【eksténd】エックステンドゥ

動 (期間などを) 延長する、(土地・建物などを) 広げる

She **extended** her visit.
彼女は訪問を延長しました。

□ 0928

vanish

【vǽnɪʃ】ヴァニッシュ

動 (突然) 消える、なくなる、消滅する

The acorns **vanished.**
ドングリが消えた。

□ 0929

cautious

【kɔ́ːʃəs】カーシュッス

形 用心深い、慎重な

This year, Santa Claus is **cautious.**
今年、サンタは用心深い。

□ 0930

enroll

【enróʊl】エンゥオーゥル

動 入会する、入学する、登録する

I want to **enroll** in that program!

あのプログラムに申し込みたい！

□ 0931

attempt

【ətém(p)t】アテンプトゥ

動 試みる、企てる、～に挑む

名 試み、企て

Do not **attempt** this.

これは試さないでね。

□ 0932

resort

【rɪzɔ́ɚt】ウイゾーゥトゥ

動 （通例好ましくない手段に）頼る

名 行楽地

Don't **resort** to violence.

暴力に頼ったらダメ。

□ 0933

disabled

【dɪséɪbʌld】ディセーイブードゥ

形 機能しない、身体障害のある

Assistance dogs help physically **disabled** people.

補助犬は身体障害者の手助けをします。

□ 0934

prompt

【prám(p)t】プオンプトゥ

形 迅速な、機敏な、てきぱきした、即座の

He received a **prompt** reply.

彼は即答を得ました。

□ 0935

responsible

【rɪspánsəbl】ウイスポーンスィブー

形 責任のある、原因である、(人など)信頼できる

Who is **responsible** for this?

これはだれの責任?

□ 0936

annual

【ǽnjuəl】アーニュオーゥル

形 一年の、年々の、例年の、年１回の

This is an **annual** festival.
これは毎年恒例のお祭りです。

□ 0937

due

【d(j)úː】ドュー

形 提出期日のきた、支払い期日のきた、～するはずで、～のせいで

My homework is **due** tomorrow.
宿題の提出期限は明日です。

□ 0938

retain

【rɪtéɪn】ゥイテーイン

動 ～を保つ、保持する、～を忘れないでいる

This flower **retains** a lot of water.
このお花は保水力がある。

□ 0939

dense

【déns】デンス

形 密集した、密度が高い、(霧など光をよく通さないで) 見通しにくい

The population is **dense.**

人口が密集しています。

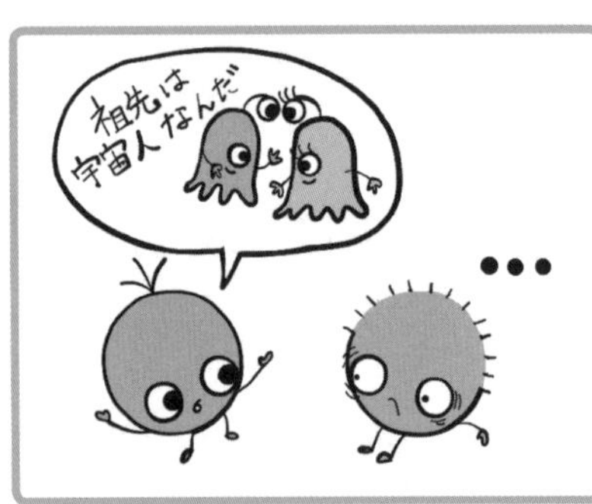

□ 0940

reveal

【rɪvíːl】ウイヴィーウル

動 漏らす、明かす、暴露する、正体を現す

He **reveals** his secret.

彼は秘密を明かします。

□ 0941

abruptly

【əbrʌ́ptli】アブアップトゥリ

副 不意に、出し抜けに、ぶっきらぼうに

Don't stop so **abruptly**!

そんな急に止まらないでよ!

□ 0942

otherwise

【ʌ́ðɚwàɪz】アドゥワイズ

副 別な方法では、さもなければ

Don't use your sense of smell, **otherwise** it's not fair.

嗅覚を使わないで。使ったらフェアじゃないから。

□ 0943

root

【rúːt】ゥルートゥ

名（植物の）根、根菜類、根源、根本、核心、基礎

This plant has big **roots.**

この植物の根は大きいです。

□ 0944

mature

【mət(j)ʊ́ɚ】ムチューァ

形 十分に成長した、熟成した

動 成熟する、円熟する

You're **mature** for a child.

子どもにしては大人っぽいね。

□ 0945

toxic

【táksɪk】タックスィック

形 有毒な、中毒性の

Tobacco smoke is **toxic.**
たばこの煙は有害です。

□ 0946

row

【róʊ】ゥローゥ

名 列、並び、席列
動 ボート（船）を漕ぐ

We had the front-**row** seats.
私たちは最前列の席だったよ。

□ 0947

confidence

【kánfədns】カーンフィデンス

名 信用、自信

Have **confidence**!
自信を持ちなさい！

□ 0948

innocent

【ínəsnt】イヌスントゥ

形 無罪の、無邪気な、無害の、悪意のない

I am **innocent**!

ぼくは無罪だよ！

□ 0949

absorb

【əbzɔ́ɚb】アッブゾーゥブ

動（水分・熱・光などを）吸収する、（音・衝撃などを）消す

The sponge **absorbs** water.

スポンジは水を吸収します。

□ 0950

satisfy

【sǽtɪsfàɪ】サーティスファーイ

動 満足させる、（欲望などを）～で満たす

He is **satisfied**.

彼は満足です。

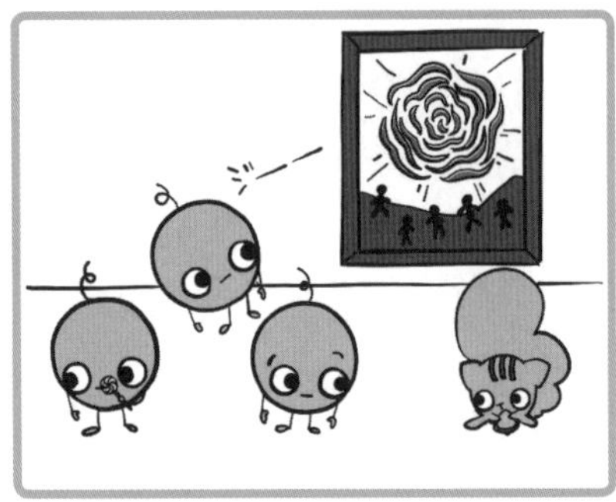

□ 0951

fascinate

【fǽsənèɪt】ファースィネイトゥ

動 魅了する

This painting **fascinates** him.
この絵は彼を魅了する。

□ 0952

immigrant

【ímɪgrənt】イミグエントゥ

名 移民、移住者

They are **immigrants** from Japan.
彼らは日本からの移民です。

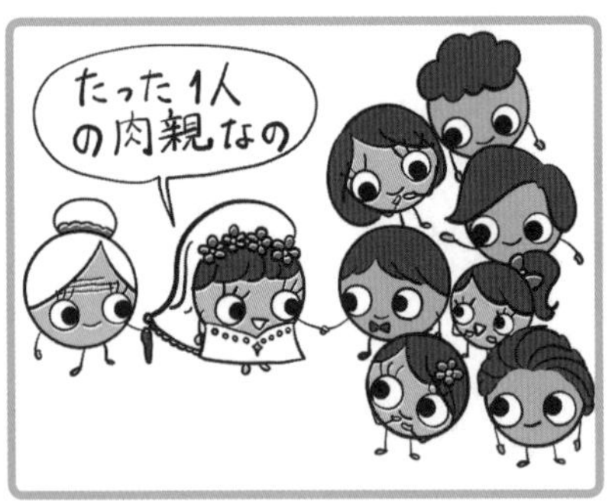

□ 0953

relative

【rélətɪv】ゥエラティヴ

名 親類、親戚
形 比較上の、比例して

She is my only **relative**.
彼女はたった１人の肉親なの。

☐ 0954
proof
【prú:f】プルーフ

名 証明、証拠

I need **proof** that you didn't eat the cookie.
クッキーを食べていないという証拠が必要。

☐ 0955
insert
【ɪnsə́ːt】インスートゥ

動 ～に差し込む、（言葉などを）書き入れる

She **inserts** the key.
彼女はカギを差し込みます。

☐ 0956
sensitive
【sénsətɪv】センスィティヴ

形 敏感な、傷つきやすい、神経質な、繊細な

He's very **sensitive**.
彼はとても繊細なの。

STEP1 STEP2 STEP3

□ 0957

adore

【ədɔ́ɚ】アドーァ

動 ～を非常に好む

I **adore** peaches.
私は桃が大好き。

□ 0958

entire

【ɪntáɪɚ】エンタイユー

形 全体の、全部そろった、完全な

My **entire** body hurts.
体全体が痛い。

□ 0959

impose

【ɪmpóʊz】インポーゥズ

動 押しつける、強いる、(義務・罰・税などを)負わせる

I hate to **impose**.
無理をお願いして申し訳ないです。

□ 0960

shortly

【ʃɔ́ɚtli】ショーゥトゥリ

副 まもなく、じきに、簡単に、短く

Someone will be with you **shortly**.

まもなくどなたかが参ります。

□ 0961

expire

【ɪkspáɪɚ】エックスパーイゥー

動（期間が）満了する、（権利が）なくなる

Your passport is **expired**.

パスポートの有効期限が切れていますよ。

□ 0962

somewhere

【sʌ́m(h)wèɚ】サンムゥエーァ

副 どこかに（で、へ）、どこか、ある所

I want to go **somewhere** safe.

どこか安全な場所に行きたい。

☐ 0963

conduct

【kəndʌ́kt】クンダックトゥ

動 ～を行う、実施する、運営する、（光・熱・電気などを）伝導する

He **conducts** an experiment.
彼は実験をします。

☐ 0964

appreciate

【əpríːʃièɪt】アプイーシエイトゥ

動 真価を認める、高く評価する、感謝する

She **appreciates** his kindness.
彼の優しさに彼女は感謝しています。

☐ 0965

perspective

【pɚspéktɪv】プースペックティヴ

名 考え方、見方

It's all about **perspective**.
物は見方によって違ったりします。

□ 0966

confidently

【kάnfʌdʌntli】カーンフィドゥントゥリ

副 自信をもって、確信して

He sings **confidently.**

彼は自信をもって歌います。

□ 0967

explode

【ɪksplóʊd】エックスプロゥドゥ

動 爆発する、破裂する、感情を爆発させる、激増する

The bomb **exploded.**

爆弾が爆発しました。

□ 0968

deny

【dɪnáɪ】ディナイ

動 否定する、否認する、知らないと言う

You like her. Don't **deny** it.

彼女が好きなんだろ。否定するなよ。

□ 0969

prove

【prúːv】プルーヴ

動 (証拠・論証などで)証明する、真実であることを示す

Prove it!

それを証明して！

□ 0970

somebody

【sʌ́mbὰdi】サンムバディ

代 ある人、だれか

Somebody knocked at the door.

だれかがドアをノックしたよ。

□ 0971

genuine

【dʒénjuɪn】ジェニュアインヌ

形 本物の、心からの、純粋な

Is it a **genuine** or fake diamond?

本物、それとも偽物のダイヤ？

□ 0972
per
【pɚ】プー
前 ～につき、～ごとに

Limit one **per** customer.
お一人様１点限り。

□ 0973
household
【háʊshòʊld】ハウスホーゥルドゥ
形 家族の、一家の、家庭用の
名 家族、一家、世帯

She enjoys doing **household** chores.
彼女は家事をするのを楽しみます。

□ 0974
ability
【əbíləti】アビリティー
名 ～ができること、能力、才能

She has the **ability** to jump high.
彼女は高く飛ぶ能力があります。

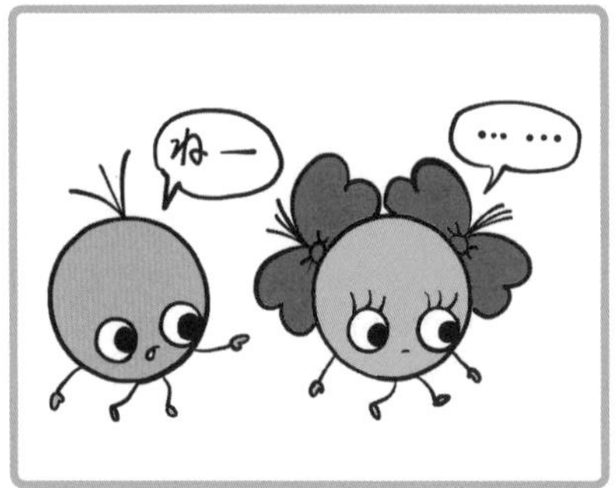

□ 0975

ignore

【ɪgnɔ́ɚ】イグノーゥ

動 無視する、知らないふりをする

Don’t **ignore** me!

無視しないで！

□ 0976

position

【pəzíʃən】プズィシュン

名 位置、場所、所在地、所定の位置

The **position** of the vase bothers me.

花瓶の位置が気になる。

□ 0977

split

【splít】スプリットゥ

動 縦に裂く、～に割る、分裂する、分ける

Let’s **split** this dessert.

このデザートを半分こしようね。

☐ 0978

approve

【əprúːv】アプルーヴ

動 よいと認める、賛成する、承認する、許可する

Her father doesn't **approve** of her boyfriend.

お父さんは彼女の彼氏のことを認めません。

☐ 0979

blood

【blʌ́d】ブラッドゥ

名 血、血液

There is **blood** on his head.

彼の頭から血が出ています。

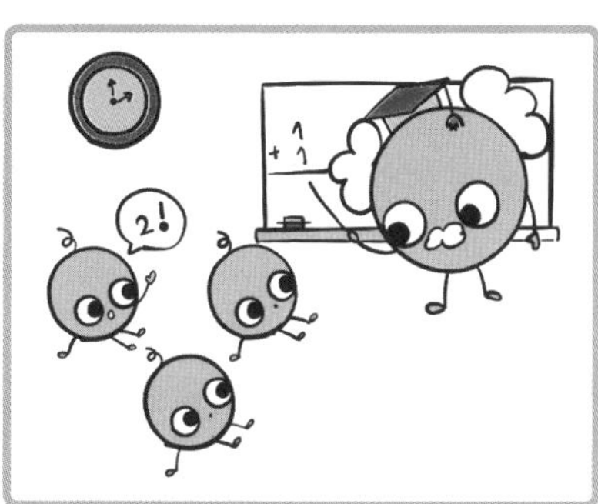

☐ 0980

accurate

【ǽkjʊrət】アーキュエットゥ

形 正確な、的確な、精密な

That is **accurate**.

正解です。

☐ 0981

priority

【praɪɔ́ːrəti】プアイ**オ**ーゥイティ

名 優先すること、最優先事項

My happiness is my **priority**.
私は私の幸せを優先します。

☐ 0982

strategy

【strǽtədʒi】スチュ**ア**ーテジ

名 戦略、(目的達成のための)計画、方法

Is that your **strategy**?
それが君の戦略?

☐ 0983

enthusiastic

【ɪnθ(j)ùːziǽstɪk】
エントゥーズィ**ア**スティック

形 熱烈な、熱狂的な

I'm glad you're **enthusiastic**.
そんなにうれしいならよかったよ。

□ 0984

humid

【hjúːmɪd】ヒューミッドゥ

形 湿気のある

Summer in Japan is hot and **humid.**

日本の夏は蒸し暑いです。

□ 0985

intention

【ɪnténʃən】インテンション

名 意図、意向、目的

He has bad **intentions.**

彼には悪意があります。

□ 0986

structure

【strʌ́ktʃɚ】スチュアックチュー

名 構造、組織、建造物

This is an earthquake-resistant **structure.**

これは耐震性の建物です。

□ 0987

appetite

【ǽpətàɪt】アーペタイトゥ

名 食欲、欲望、欲求

You have a big **appetite**!
すごい食欲だね！

□ 0988

investigate

【ɪnvéstəgèɪt】インヴェスティゲイトゥ

動 ～を調査する、取り調べる

The police officer is **investigating** the case.
警察官は事件を調査しています。

□ 0989

stupid

【st(j)úːpɪd】ストゥユーピッドゥ

形 愚かな、ばかな、くだらない

What a **stupid** dog!
なんてバカな犬なんだ！

□ 0990

confront

【kənfrʌ́nt】クンフ**オ**ントゥ

動 直面する、大胆に立ち向かう

He **confronts** the monster.
彼はモンスターに立ち向かいます。

□ 0991

expectation

【èkspektéɪʃən】
エックスペック**テ**イシュン

名 予期、予想、期待

Reality is different from **expectations**.
現実は期待と異なります。

□ 0992

able

【éɪbl】**エ**イブー

形 ～することができる

She is **able** to hit high notes.
彼女は高い声が出ます。

☐ 0993

convert

【kənvə́ːrt】クンヴートゥ

動 ～を～に変える、換算する

What is 10 inches if you **convert** to centimeters?

10インチをセンチに換算するといくつ？

☐ 0994

guilty

【gílti】ギゥルティ

形 有罪の、罪を犯して

The dog is **guilty** of chewing the pillow.

犬は枕をかむ罪を犯しました。

☐ 0995

mostly

【móʊs(t)li】モゥストゥリ

副 大部分は、たいていは

I spend my free time **mostly** baking.

私は暇なとき、たいていお菓子作りをしています。

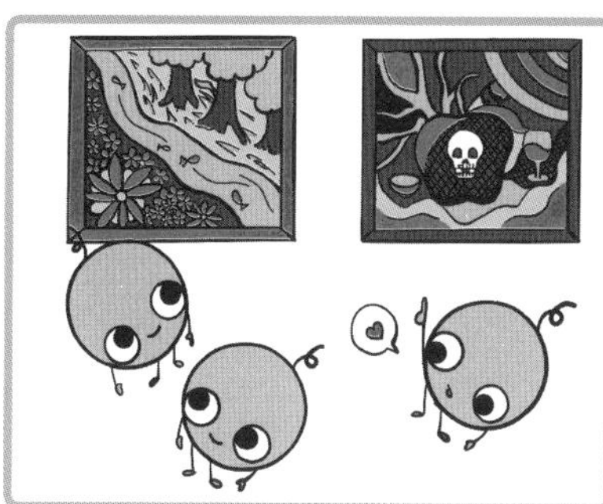

□ 0996

personally

【pə́ːs(ə)nəli】プースヌリ

副 自分としては、自ら、個人的に

I **personally** like this one.

個人的にはこっちが好き。

□ 0997

suppose

【səpóʊz】スポーゥズ

動 ～と仮定する

Scientists **suppose** that ghosts live on Mars.

科学者たちは火星に幽霊が住んでいると考えています。

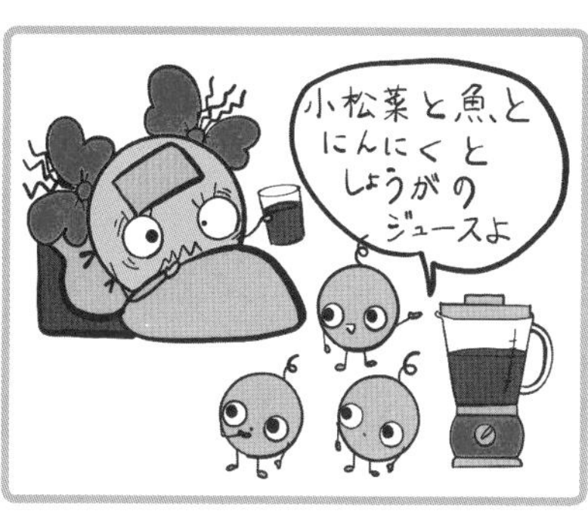

小松菜と魚と
にんにくと
しょうがの
ジュースよ

□ 0998

nutrition

【n(j)uːtríʃən】ニューチュイシュン

名 栄養、栄養物、食物、栄養学

I understand that **nutrition** is important, but...

栄養が大事なのはわかるけれど……。

STEP1 STEP2 STEP3

☐ 0999

furious

【fjʊ́(ə)riəs】 **フュ**ーゥイゥッス

形 怒り狂った、（風・海など）荒れ狂う、（速力・活動など）猛烈な

Mom will be **furious.**

お母さん、カンカンに怒るだろうな。

☐ 1000

political

【pəlítɪk(ə)l】 プ**リ**ティコーゥル

形 政治上の、政治に関する、政治的な

They belong to different **political** parties.

彼らは異なる政党に所属しています。

☐ 1001

definitely

【déf(ə)nətli】 **デ**フィニトゥリ

副 明確に、はっきりと、絶対に

You **definitely** need a haircut.

絶対にカットすべきよ。

□ 1002

suspect

【səspékt】スッスペックトゥ

動（前もって）感づく、怪しいと思う

He **suspects** his sincerity.
彼は彼の真心を疑っています。

□ 1003

hit

【hít】ヒットゥ

動 打つ、殴る、（嵐・地震などが）襲う

He **hit** me!
彼、ぼくをぶった！

□ 1004

individual

【ìndəvídʒuəl】インディヴィジュオゥル

名 個人、人
形 各個の、一個人の、独特の、特有の

Each **individual** is different.
人はそれぞれ違う。

STEP1 STEP2 STEP3

□ 1005

disagree

【dìsəgríː】ディサグ**イー**

動 一致しない、意見が合わない

I **disagree** with your opinion.
あなたの意見に反対。

□ 1006

policy

【pɑ́ləsi】**パ**ーリスィ

名（政府などの）政策、（会社・個人などの）方針、（賢明な）方策

Honesty is the best **policy.**
正直でいることが賢明である。

□ 1007

vacant

【véɪk(ə)nt】**ヴェ**イクントゥ

形（土地など）空いている、（家・部屋・席など）使用されていない

The room is not **vacant.**
部屋は空いていないです。

☐ 1008

temporary

【témpərèri】テンプエゥイ

形 一時の、仮の、間に合わせの

I would like a **temporary** position.
臨時職を希望します。

☐ 1009

gravity

【grǽvəti】グアーヴィティ

名 重力、重大さ、（罪・病気などの）重さ

There is no **gravity** in space.
宇宙には重力がありません。

☐ 1010

tension

【ténʃən】テンシュン

名 緊張

There is **tension** between the two.
２人の間に緊張が走ります。

STEP1 STEP2 STEP3

□ 1011

intend

【ɪnténd】インテンドゥ

動 意図する、～するつもりである、目指す

I **intend** to get an "A" on my test.

テストで「A」をとるつもり。

□ 1012

justify

【dʒʌ́stəfàɪ】ジャスティファーイ

動 正当だと証明する、正当化する

Her anger is **justified**.

彼女の怒りはもっともです。

□ 1013

throughout

【θruːáʊt】トゥルアウトゥ

前 ～のすみからすみまで、～の間ずっと

副 至る所、その間ずっと

I slept **throughout** the entire movie.

映画の最初から最後まで寝てた。

□ 1014

attitude

【ǽtɪt(j)ùːd】アーティトゥードゥ

名 (人・物事などに対する)態度、(物事に対する)気持ち

His **attitude** is bad.

彼の態度は悪い。

□ 1015

pursue

【pɚsúː】プースュー

動 追求する、追跡する

She **pursues** happiness.

彼女は幸福を追求します。

□ 1016

toss

【tɔ́ːs】トッス

動 ぽいと軽く投げる

Don't **toss** trash!

ゴミを投げるな!

□ 1017

evaluate

【ɪvǽljuèɪt】エヴァーリュエイトゥ

動 査定する、評価する

The teacher **evaluates** the students.
先生は生徒たちを評価します。

□ 1018

freeze

【fríːz】フイーズ

動 凍る、凍らせる

Water **freezes** at 0 degree Celsius.
水は０度で氷になります。

□ 1019

assume

【əsúːm】アスューム

動 当然のことと思う、思い込む、推測する

I **assume** your parents are tall.
君の親は背が高いよね？

□ 1020

infection

【ɪnfékʃən】インフェックシュン

名 (病毒の)空気伝染、感染

That's a bad eye **infection.**
ひどい眼感染症だね。

□ 1021

none

【nʌ́n】ナンヌ

代 ～のいずれも～ない、どれも～ない、決して～ない

It's **none** of your business.
あなたには関係ないでしょ。

□ 1022

raw

【rɔ́ː】ゥロー

形 生の

This is **raw** fish.
これは生のお魚だよ。

STEP1 STEP2 STEP3

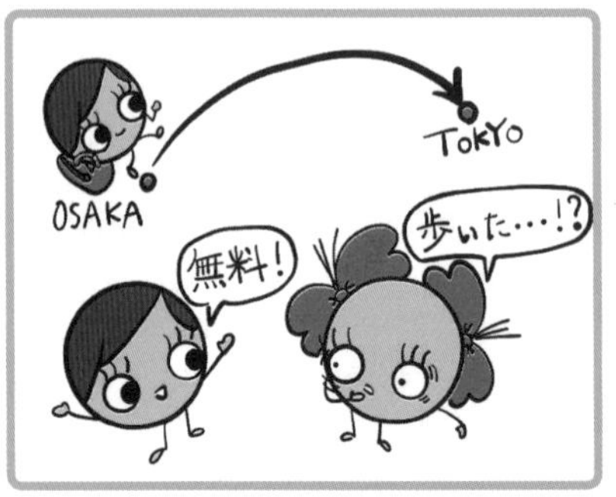

□ 1023

transportation

【træ̀nspɚtéɪʃən】
チュアンスプテイシュン

名 輸送、運送

How much was the **transportation** cost?
交通費はいくらだった？

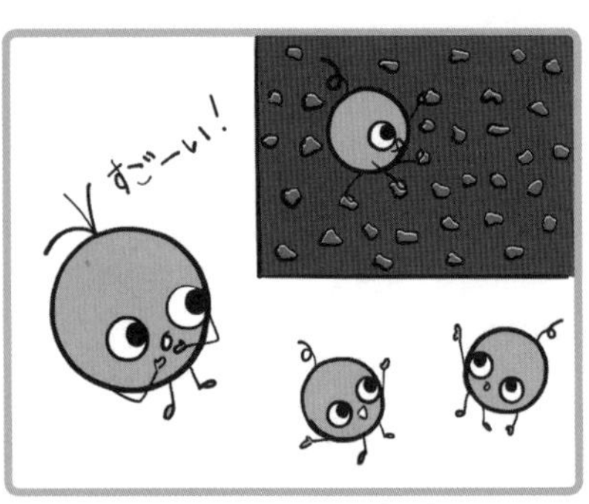

□ 1024

impressive

【ɪmprésɪv】インプエッスィヴ

形 強い印象を与える、印象的な、深い感銘を与える

You are **impressive**!
お見事！

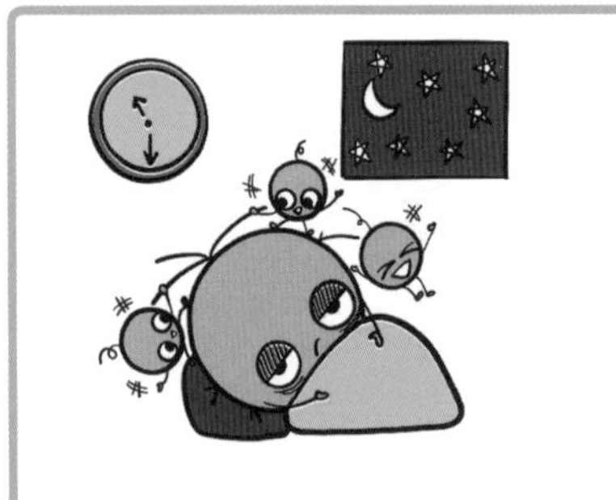

□ 1025

unable

【ʌ̀néɪbl】アネーイブーゥル

形（～することが）できないで

He is **unable** to sleep.
彼は眠ることができません。

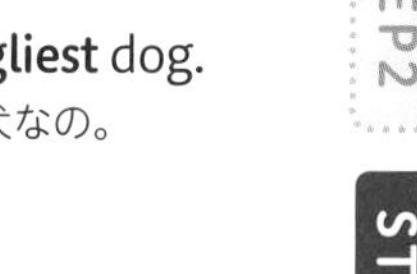

STEP1

STEP2

STEP3

□ 1026

ugly

【ʌ́gli】アグリー

形 醜い、不快な、(天候など)荒れ模様の

This is this year's **ugliest** dog.
これが今年の最も醜い犬なの。

□ 1027

anybody

【énibὰdi】エニバディ

代 だれでも、だれも、だれか

Is **anybody** home?
だれかいる？

□ 1028

promote

【prəmóʊt】プオモーゥトゥ

動 売り込む、～に昇進させる、～を促進する

He is **promoting** his new fireworks.
彼は新しい花火を売り込んでいます。

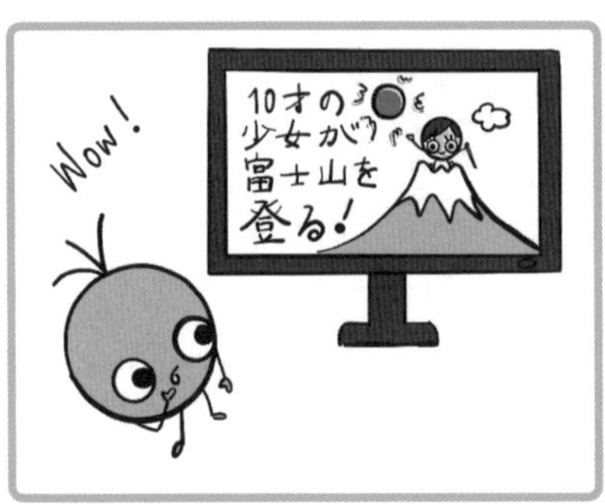

□ 1029

incredible

【ìnkrédəbl】インクエディブー

形 信じられない、驚くべき、非常な

That's **incredible**!

それはすごい！

□ 1030

approximately

【əprάksəmətli】

アプオックスィムトゥリ

副 おおよそ、ほぼ

It takes **approximately** 5 minutes.

だいたい 5 分くらいです。

□ 1031

property

【prάpə-ti】プアープティ

名 所有地、所有物、財産、資産、土地（建物）

This is private **property**!

ここは私有の土地です！

□ 1032

beyond

【bɪ(j)ánd】ビヤーンドゥ

前 ～の向こうに（で）

副 向こうに、それ以上

There is a wise old man **beyond** the hill.

丘を越えたところに賢い老人がいるよ。

□ 1033

prominent

【prámənənt】プアーミネントゥ

形 有名な、目立つ、突起した

That squirrel is **prominent**.

あのリス、目立つ。

□ 1034

unusual

【ʌ̀njúːʒuəl】アニュージュオーゥル

形 普通でない、珍しい

That's an **unusual** sight.

あれは珍しい光景だな。

☐ 1035

relevant

【réləv(ə)nt】ゥエルヴントゥ

形 （当面の問題にとって）関連のある、（当面の問題に）関連して

That's not **relevant.**

それは関係ない話でしょ。

☐ 1036

participate

【pɑə·tísəpèɪt】パゥティスィペイトゥ

動 参加する

I want to **participate** too!

ぼくも参加したい！

☐ 1037

vary

【vé(ə)ri】ヴァーゥイ

動 ～をいろいろに変える、～に変化を添える、異なる

His mood **varies** from day to day.

彼の気分は日によって違います。

☐ 1038

analyze

【ǽnəlàɪz】アーナライズ

動 分析する、分解する

He **analyzes** the footprints.
彼は足跡を調べます。

☐ 1039

personality

【pə̀ːsənǽləti】プースナーリティ

名 個性、性格、魅力

She has a friendly **personality**.
彼女はフレンドリーな性格です。

☐ 1040

appropriate

【əpróʊprièɪt】アプオープイエットゥ

形 適当な、ふさわしい
動 充当する

The dress is not **appropriate**.
そのドレスはふさわしくないです。

□ 1041

discuss

【dɪskʌ́s】ディスカッス

動 (ある問題をいろいろな角度から) 論じる、話し合う

We need to **discuss**!

ちょっと話があるんだけど！

□ 1042

remote

【rɪmóʊt】ゥイモーゥトゥ

形 遠方の、遠隔の、～から遠く離れて

They live on a **remote** island.

彼らは遠く離れた島で暮らしています。

□ 1043

owe

【óʊ】オーゥ

動 借りている、支払いの義務がある、～のおかげである

How much do I **owe** you?

いくら払えばいい？

□ 1044

visible

【vízəbl】ヴィズィブー

形 目に見える、明らかな

The guardian angel is **visible**.

守護霊は目に見えます。

□ 1045

tendency

【téndənsi】テンドゥンスィ

名 傾向

She has a **tendency** to cry when she's happy.

彼女はうれしいときに泣く傾向があるんです。

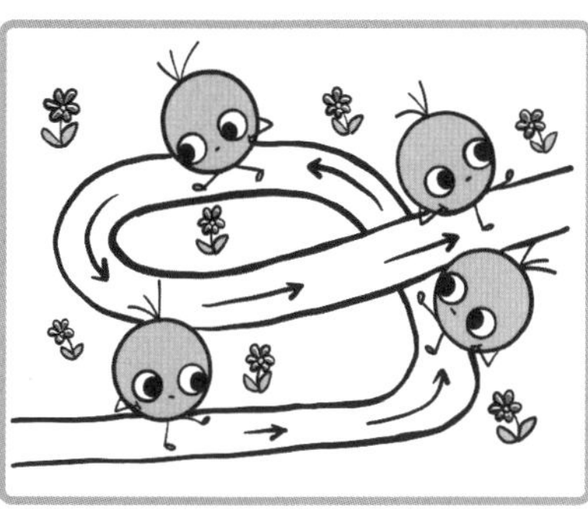

□ 1046

wander

【wándɚ】ウワーンドゥー

動 （あてもなく）歩き回る、放浪する、ぶらつく、迷う

He **wanders** around.

彼はぶらついています。

□ 1047

accomplish

【əkámplɪʃ】アカーンプリッシュ

動 成し遂げる、完成する、果たす

Mission **accomplished**!

任務完了！

□ 1048

symptom

【sím(p)təm】スィンプトゥンム

名 （病気の）症状、（物事の）兆候

What are your **symptoms**?

どんな症状があるのですか？

□ 1049

awareness

【ʌwéɚnʌs】アウエーウネッス

名 ～に気づいていること、自覚、意識

They are raising **awareness** about racism.

彼らは人種差別に対する意識を高めています。

□ 1050

besides

【bəsáɪdz】ビサイズ

副 そのうえ、なお
前 ～のほかにも、～を除いて

Besides, it's raining outside.
しかも、外は雨だよ。

□ 1051

imply

【ɪmpláɪ】インプラーイ

動 ～を（暗に）意味する、～を暗示する

Are you **implying** that I'm fat?
私が太いって言いたいの？

□ 1052

persuade

【pɚswéɪd】プースゥエイドゥ

動 説得する、確信させる

She **persuades** her father to buy a smartphone.
彼女はお父さんにスマホを買うよう説得します。

□ 1053

reputation

【rèpjʊtéɪʃən】ゥエピュ**テ**イシュン

名 評判、名声

He has a **reputation** for being smart.

彼は頭がいいことで知られています。

□ 1054

depression

【dɪpréʃən】ディプ**エ**シュン

名 意気消沈、憂うつ、不景気、不況

He suffers from **depression**.

彼は意気消沈しています。

□ 1055

legal

【líːg(ə)l】**リ**ーグーゥル

形 法律上の、法律の指定する、合法の

Is it **legal** to enter someone's house?

人の自宅に入るのって法的に大丈夫？

□ 1056

mention

【ménʃən】メンシュン

動 ついでに述べる

Did I **mention** there were jellyfish in the water?

水の中にクラゲがいるのを言ったっけ？

□ 1057

whom

【hú:m】フーンム

代 だれを、だれに

To **whom** are you speaking?

だれにしゃべっているの？

□ 1058

mad

【mǽd】マーッドゥ

形 気の狂った、ばかげた、夢中になって

He is **mad** about her.

彼は彼女に夢中なんだ。

□ 1059

prescription

【prɪskrípʃən】プイスクイップシュン

名（医師の）処方箋、処方薬

You need a **prescription** for that drug.

そのお薬は処方箋が必要です。

□ 1060

combine

【kəmbáɪn】クンバーインヌ

動 結合する、合同させる

I **combined** Mom and an eggplant.

お母さんとナスを組み合わせたよ。

□ 1061

elsewhere

【éls(h)wèɚ】エゥルスウェーア

副 どこかよそに（へ、で）、その他の場所では

Let's go **elsewhere**.

別の場所へ行こう。

□ 1062

apparently

【əpǽrəntli】アパーゥエントゥリ

副 どうも～らしい

Apparently, he's a time traveler.
彼はタイムトラベラーらしい。

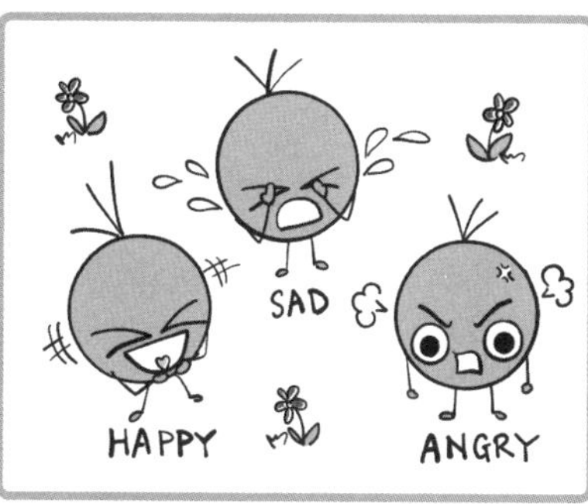

□ 1063

emotion

【ɪmóʊʃən】イモーゥシュン

名 強い感情、感動

I have many **emotions**.
ぼくにはたくさんの感情があります。

□ 1064

fence

【féns】フェンス

名 囲い、柵

He jumps over the **fence**.
彼は柵を飛び越えます。

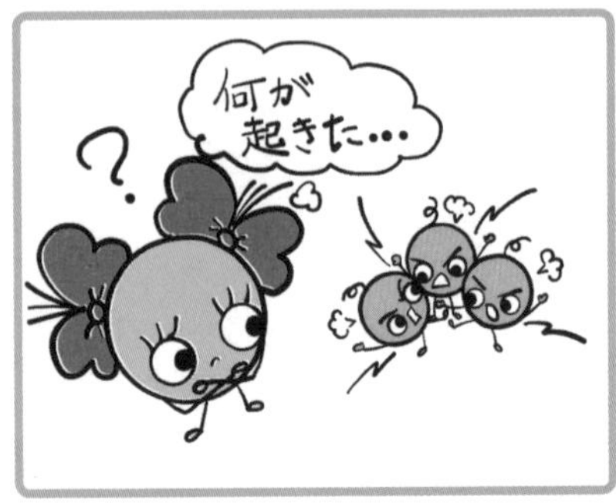

□ 1065

determine

【dɪtə́ːmɪn】ディトゥーミンヌ

動 決心する、決意する、決定する、知る

She wants to **determine** the cause of the fight.
彼女はけんかの原因を知りたいです。

□ 1066

biography

【baɪɑ́grəfi】バイアーグァフィ

名 伝記

I wrote the **biography** of Naomi.
ナオミの伝記を書きました。

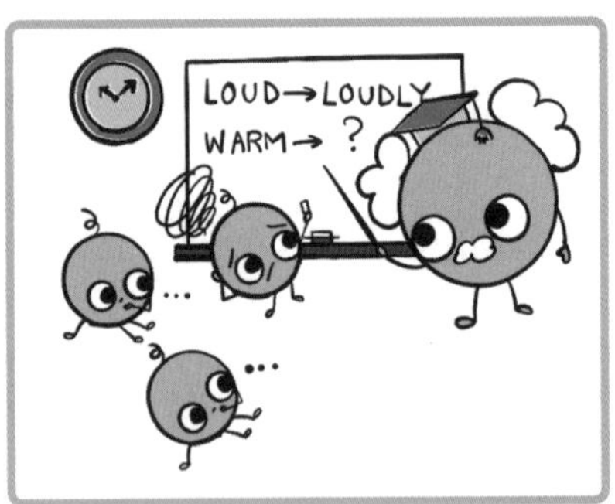

□ 1067

emphasis

【émfəsɪs】エンファスィス

名 強調、重要視、重点

The teacher puts too much **emphasis** on grammar.
先生は文法を重要視しすぎです。

□ 1068

concrete

【kɑ̀nkríːt】カンクイートゥ

形 具体的な、現実の、実際の、明確な

Give me a **concrete** answer.
具体的な返事をちょうだい。

□ 1069

reliable

【rɪláɪəbl】ウイライアブーウル

形 頼りになる、信頼できる

Your memory is not **reliable**.
君の記憶は頼りにならない。

□ 1070

despair

【dɪspéɚ】ディスペーゥ

名 絶望
動 絶望する

He is in deep **despair**.
彼は深い絶望におちいっています。

□ 1071

authority

【əθárəti】オートーウィティ

名 権威、権力、権限

I have the **authority** to decide!

ぼくには決める権限がある！

□ 1072

related

【rɪléɪtɪd】ゥイレイテッドゥ

形 関係のある、関連した、親類関係の

Are you two **related**?

君たち２人は血がつながっているの？

□ 1073

poverty

【pávɚti】パーヴティ

名 貧乏、貧困

Poverty is a major problem in many countries.

貧困は多くの国での大きな問題です。

□ 1074

belong

【bəlɔ́ːŋ】ビローング

動 ～に属する、～のものである

That **belongs** to me.
それ、私のよ。

□ 1075

deserve

【dɪzə́ːv】ディズーヴ

動 ～の価値がある、～を受けるに足る

I **deserve** an allowance raise.
おこづかいを上げてもらってもいいはずだ。

□ 1076

consistent

【kənsístənt】クンスィステントゥ

形 一貫性がある、矛盾のない

At least his drawings are **consistent**.
少なくとも彼の絵に一貫性はあるよね。

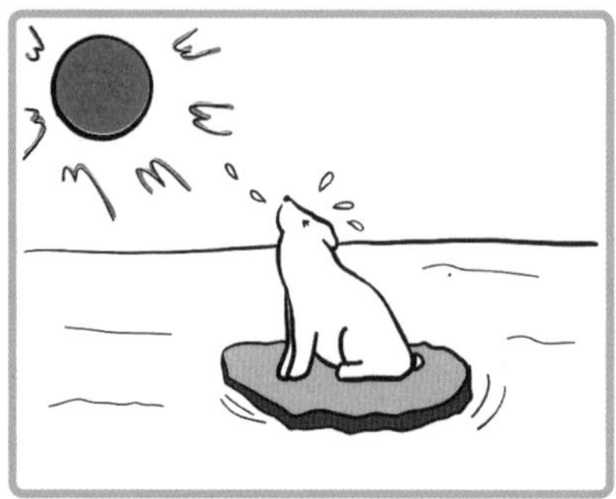

☐ 1077

threaten

【θrétn】トゥエットゥン

動 脅かす、脅迫する

Climate change **threatens** the habitat of polar bears.

気候の変化はホッキョクグマの生息地を脅かします。

☐ 1078

assure

【əʃʊ́ɚ】アシューァ

動 保証する

I **assure** you that this movie is good.

この映画、絶対におもしろいって保証するよ。

☐ 1079

silent

【sáɪlənt】サイルントゥ

形 黙っている、無口な、音のしない、沈黙を守って

Everybody is **silent**.

みんな沈黙している。

□ 1080

purchase

【pə́ːtʃəs】 **プ**ーチュッス

動 買う、購入する

He **purchased** a new car.
彼は新しい車を買いました。

□ 1081

consume

【kənsúːm】 クン**スュ**ーンム

動 ～を消費する、使い尽くす、摂取する

You must **consume** vegetables to stay healthy.
健康を保つためには野菜を食べないとね。

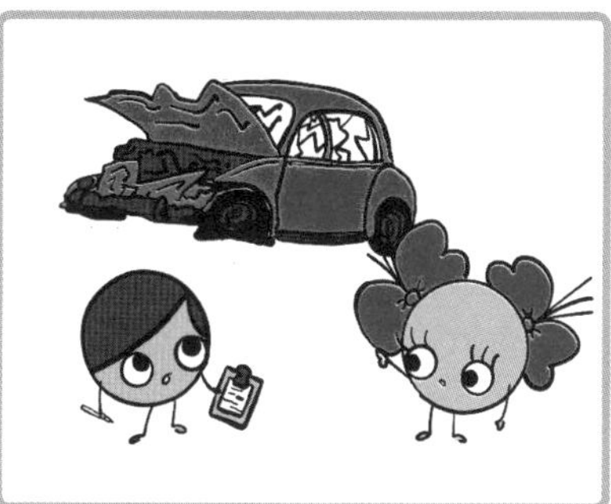

□ 1082

estimate

【éstəmèɪt】 **エ**スティメーイトゥ

動 見積もる、～と評価する
名 見積もり、見積書

Can you **estimate** the costs?
費用を見積もってくれますか？

□ 1083

apply

【əpláɪ】アプラーイ

動 応募する、〜を〜に適用する、(物を〜に) 当てる

I want to **apply** for that job.
あの仕事に応募したい。

□ 1084

scent

【sént】セントゥ

名 (とくによい)香り、(獣・人が通った後に残る) 臭跡

I love this floral **scent.**
このフローラルの香りが大好きです。

□ 1085

attention

【əténʃən】アテンシュン

名 注意、(人などの) 手当て

Attention, please!
ちょっと聞いてください!

□ 1086

opportunity

【àpə-t(j)ú:nəti】アープ**チュ**ーニティ

名 ～の（適切な）機会、～する機会

This is a great **opportunity.**
これ、すごいチャンスだよ。

□ 1087

rush

【rʌ́ʃ】ウ**ラ**ッシュ

動 急ぐ、（ある方向に）突進する、急いで～する

Don't **rush** me!
急かさないで！

□ 1088

worth

【wə́:θ】ウ**オ**ートゥ

形（金銭的に）～の価値があって、～に値して

It's **worth** a try.
試す価値がある。

☐ 1089

detail

【dɪtéɪl】ディーテーイル

名 細部、細かい面

So much **detail**!

細かい！

☐ 1090

possess

【pəzés】プゼーッス

動 所有する、持つ、所持する

She **possesses** the secret recipe.

彼女は秘密のレシピを持っています。

☐ 1091

simply

【símpli】スィンプリ

副 簡単に、質素に、単に、実に

That is **simply** not true.

そんなことないもん。

□ 1092

consider

【kənsídɚ】クン**スィ**ドゥー

動 (ある決定・理解のために)よく考える、検討する

I will **consider** your request.
リクエストを検討するよ。

□ 1093

punish

【pʌ́nɪʃ】**パ**ニッシュ

動 罰する、こらしめる、処罰する

The mother **punishes** them.
お母さんは彼らに罰を与えます。

□ 1094

annoy

【ənɔ́ɪ】ア**ノー**イ

動 (いやなことで)苛立たせる、怒らせる、困らせる

The fly is **annoying**!
ハエがうっとうしい!

☐ 1095

surgery

【sə́ːdʒ(ə)ri】スージュイー

名 外科手術

He performs brain **surgery**.

彼は脳外科手術を行います。

☐ 1096

resemble

【rɪzémbl】ウイゼンブー

動 ～に似ている

She **resembles** her daughter.

彼女は娘に似ています。

☐ 1097

form

【fɔ́ɚm】フォーウム

名 形、形状、姿、外観

動 形作る、形成する、作り上げる

This is the **form** of a snowflake.

これは雪の結晶の形だよ。

☐ 1098

resist

【rɪzíst】ゥエズィストゥ

動 我慢する、～に抵抗する

She tries to **resist** eating cake.

彼女はケーキを食べるのを我慢しようとしています。

☐ 1099

derive

【dɪráɪv】ディゥアイヴ

動 ～に起源をもつ、由来する

His confidence **derives** from years of experience.

彼の自信は長年の経験に由来します。

☐ 1100

species

【spíːʃiːz】スピーシーズ

名（動植物分類上の）種

We must protect endangered **species.**

私たちは絶滅危惧種を守らなければなりません。

STEP1 STEP2 STEP3

□ 1101

condition

【kəndíʃən】クンディシュン

名 状態、体調、状況

Next week's weather **conditions** are good.

来週の気象状況は良好です。

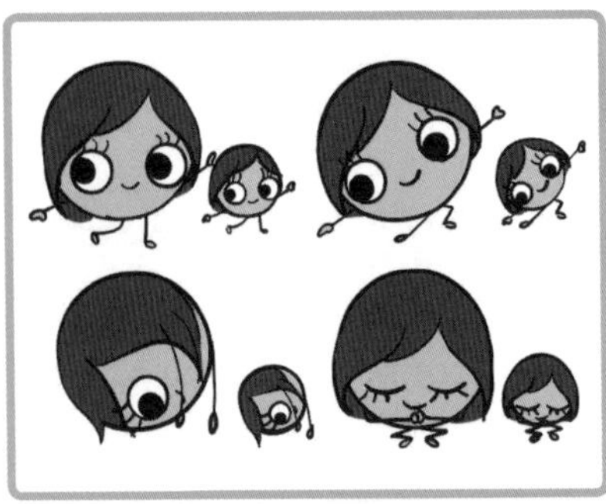

□ 1102

mutual

【mjúːtʃuəl】ミューチュオゥル

形 共通の、共同の、相互の

The mother and daughter share a **mutual** hobby.

お母さんと娘は共通の趣味があります。

□ 1103

stuff

【stʌ́f】ストッフ

名（特定のものをささない、漠然とした）もの、持ち物

We don't need that much **stuff**.

そんなに荷物、必要ないよ。

□ 1104

tempt

【tém(p)t】テンプトゥ

動 (人を悪事・快楽に) 誘惑する、(人に) ～する気にさせる

Don't **tempt** me!

誘惑しないで！

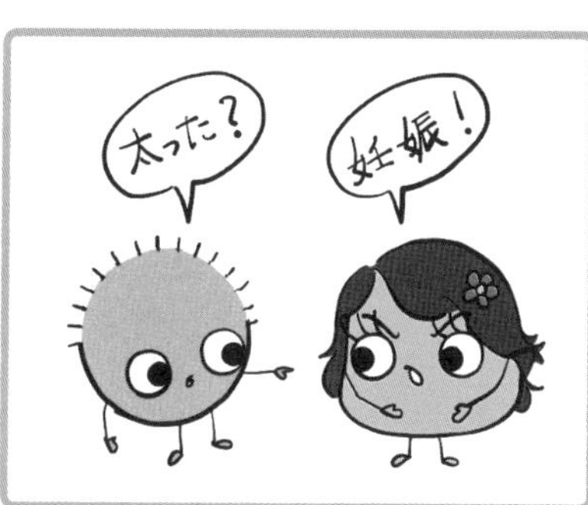

□ 1105

insult

【ɪnsʌ́lt】インソゥルトゥ

動 侮辱する、自尊心を傷つける

He **insults** her.

彼は彼女を侮辱する。

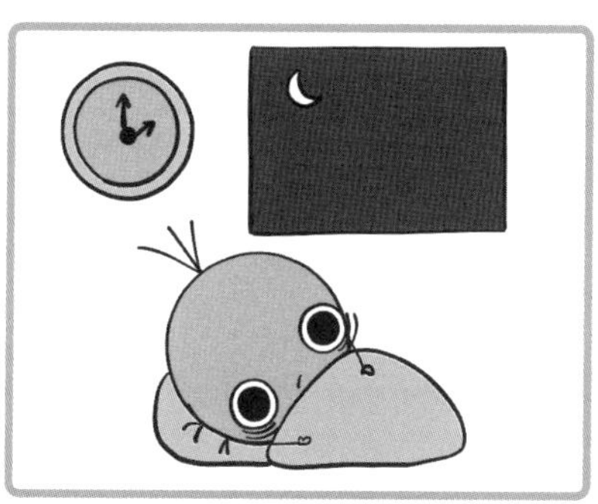

□ 1106

disorder

【dìsɔ́ɚdɚ】ディソーゥドゥー

名 不調、障害、無秩序、(社会的・政治的な) 不穏

He suffers from a sleeping **disorder**.

彼は睡眠障害です。

STEP1 STEP2 STEP3

□ 1107

emphasize

【émfəsàɪz】エンフサーイズ

動 強調する、力説する

She **emphasized** that it was an important issue.

彼女はそれは重要な課題だと強調しました。

□ 1108

contain

【kəntéɪn】クンテーイン

動 含む、（怒りの感情などを）抑える

The box **contains** a dog.

箱に犬が入っています。

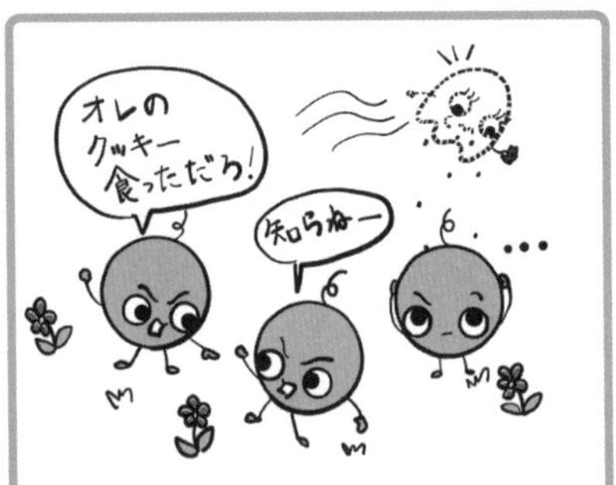

□ 1109

suspicious

【səspíʃəs】スッスピシュス

形 疑い深い、疑って、怪しい

You look **suspicious.**

君、怪しい雰囲気がする。

☐ 1110

anxiety

【æŋzáɪəti】エングザイェティ

名 心配、不安

He feels **anxiety** about the plane ride.

彼は飛行機に乗ることが心配です。

☐ 1111

reservation

【rèzə˞véɪʃən】ゥエズヴェイシュン

名 予約、制限条件

Can I make a **reservation** for tomorrow?

明日の予約を入れてもいいですか？

☐ 1112

former

【fɔ́ə˞mə˞】フォーゥムー

形 前の、前者の

Who was the **former** president?

前大統領はだれだった？

□ 1113

scream

【skríːm】スクイーンム

動 叫び声をあげる

He **screamed** because he saw a ghost.

彼は幽霊を見たので叫びました。

□ 1114

rough

【rʌ́f】ゥラッフ

形（手ざわりが）粗い、（道路など）でこぼこの、乱暴な、手荒くて

The mat is **rough**.

マットがざらざらしている。

□ 1115

capable

【kéɪpəbl】ケイプブーゥル

形 ～の才能・能力があって、～ができて

The octopus is **capable** of coming out from the bottle.

タコは瓶から出ることができます。

□ 1116

medical

【médɪk(ə)l】メディコゥル

形 医学の、医療の

You should get **medical** attention.
治療を受けたほうがいいよ。

□ 1117

bend

【bénd】ベンドゥ

動 曲げる

Bend your knees.
ひざを曲げて。

□ 1118

resident

【rézədnt】ゥエズィドゥントゥ

名 居住者
形 居住する、駐在の

Are you a **resident** of Planet X?
あなたは惑星 X の住人ですか？

□ 1119

subtle

【sʌ́tl】サトゥル

形 微妙な、微細な

That's not a **subtle** way to ask a guy out.

それはさりげなく男性をデートに誘う方法ではない。

□ 1120

illegal

【ì(l)líːg(ə)l】イゥリーグール

形 不法の、違法の

It's **illegal** to fish here.

ここで魚釣りをするのは違法です。

□ 1121

limit

【límɪt】リミットゥ

名 限度、制限

動 ～に限る、限定する

The speed **limit** is 5 millimeters per hour.

制限速度は時速５ミリだよ。

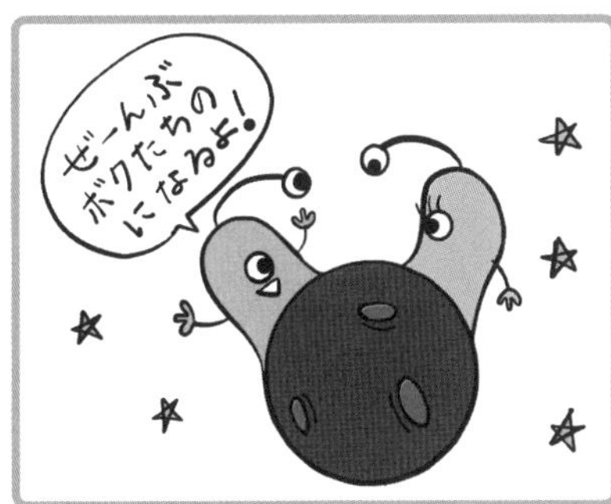

□ 1122

retire

【rɪtáɪɚ】ゥイターイユー

動 退職する、引退する

When I **retire**, this planet will be ours.

ぼくが退職したら、この惑星はぼくたちのものになるよ。

□ 1123

complete

【kəmplíːt】クンプリートゥ

形 完成して、全部の、完全な

動 完了する、完成させる

All the preparations are **complete**!

準備完了！

□ 1124

strike

【stráɪk】スチュアイク

動 打つ、(人を)感心させる

He **strikes** the monster with a hammer.

彼はモンスターをハンマーでたたく。

□ 1125

conflict

【kάnflɪkt】カーンフリックトゥ

名 争い、口論
動 （二つ以上のことが）矛盾する

There is a **conflict** over water.
水をめぐる争いがあります。

□ 1126

direction

【dərékʃən】ディウエックシュン

名 方向、方角、方面、（思想などの）傾向

You are walking in the right **direction.**
正しい方向に歩いているよ。

□ 1127

population

【pὰpjʊléɪʃən】パーピュレイシュン

名 人口、住民数、（一定地域の）全住民

The **population** of Planet X is 3.
惑星 X の人口は 3 人です。

☐ 1128

organize

【ɔ́ɚgənàɪz】オーゥガナイズ

動 計画する、（計画して）催す、組織する

He is **organizing** a big Halloween party.

彼は大きなハロウィンパーティーを計画しています。

☐ 1129

respond

【rɪspɑ́nd】ウイスポーンドゥ

動 返答する、応じる、反応する

The ghost **responded** to her question.

幽霊は彼女の質問に答えました。

☐ 1130

somewhat

【sʌ́m(h)wɑ̀t】サンムゥワットゥ

副 やや、いくぶん、多少

This wheel is **somewhat** better than the last one.

このホイールは前回のよりいくぶんかましだね。

□ 1131

indeed

【ɪndíːd】インディードゥ

副 実に、実際に、まったく、本当に

It is **indeed** cold.
確かに寒い。

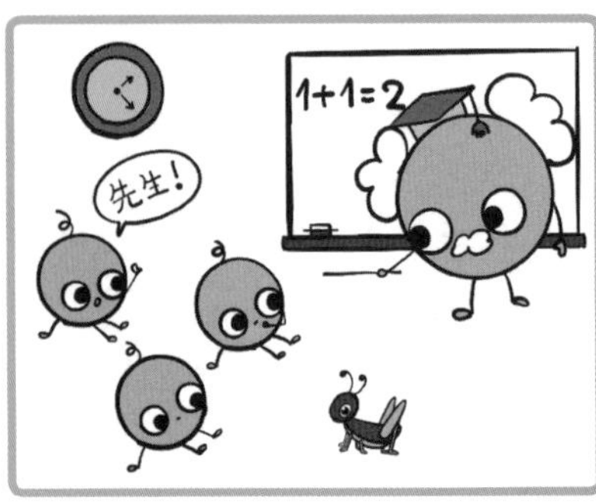

□ 1132

permission

【pɚmíʃən】プーミッシュン

名 許可、許諾、認可

Students need **permission** to speak.
生徒たちは無断でしゃべってはいけません。

□ 1133

restriction

【rɪstríkʃən】ゥイスチュイックシュン

名 制限、限定、制約

Entry **restrictions** apply.
入場制限があります。

□ 1134

production

【prədʌ́kʃən】プオダックシュン

名 生産、製造、製作、演出、上演作品

He is working on the **production** of honey.

彼はハチミツの生産に取り組んでいます。

□ 1135

intense

【ɪnténs】インテンス

形 激しい、強烈な、極端な、情熱的な

This training is pretty **intense.**

かなりハードなトレーニングだ。

□ 1136

strength

【stréŋ(k)θ】スチュエングス

名 強さ、強度、(精神的な)力、強み

Patience is your **strength.**

あなたの強みは忍耐力だね。

STEP1 STEP2 STEP3

□ 1137

roughly

【rʌ́fli】ゥラフリ

副 ざっと、概略的に、荒く、乱暴に

I was only **roughly** one hour late.

1時間くらいしか遅れなかったでしょ。

□ 1138

ancestor

【ǽnsestɚ】アーンセストゥー

名 先祖、祖先

I pray to my **ancestors**.

ぼくはご先祖さまに祈ります。

□ 1139

surface

【sɚ́ːfəs】スーフェッス

名 表面、外面、水面、うわべ、見かけ

The **surface** is hot but the inside is cold.

表面は熱いけれど中身は冷たいよ。

□ 1140
extinct

【ekstíŋ(k)t】エックスティンクトゥ

形 消えた、活動を停止した、絶滅した

Dinosaurs are **extinct.**
恐竜は絶滅しています。

□ 1141
severe

【səvíɚ】スィヴィーァ

形 厳しい、容赦のない、(自然現象など) 猛烈な、(病気など) 重い

The city is hit by **severe** weather.
街は悪天候にみまわれる。

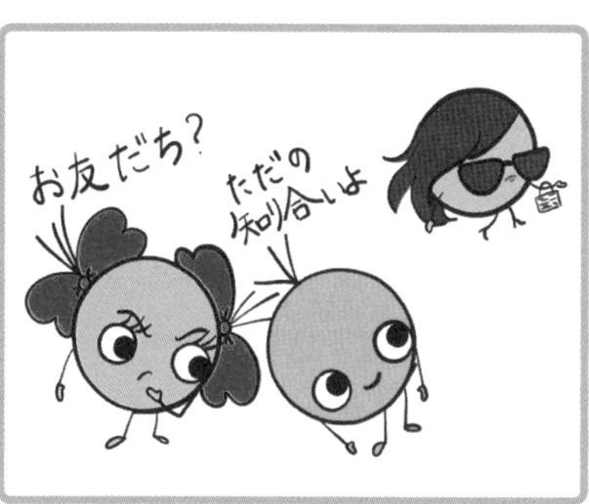

□ 1142
acquaintance

【əkwéɪntəns】アクエーイントゥンス

名 知人、知っていること、面識

She's just an **acquaintance.**
彼女はただの知り合いだよ。

STEP1 STEP2 STEP3

□ 1143

string

【stríŋ】スチュイン

名（rope より細く thread より太い）ひも

You need a **string** and cups to make a telephone.

電話を作るにはひもとコップが必要だ。

□ 1144

invest

【ɪnvést】インヴェストゥ

動 投資する、〜に費やす、（人に性質・権力などを）授ける

We must **invest** in ourselves.

私たちは自分たちに投資すべきです。

□ 1145

surely

【ʃʊ́ɚli】シューアリ

副 確実に、きっと、まさか

You **surely** can't be serious.

まさか本気で言っているんじゃないよね？

□ 1146

percent

【pə-sént】プーセントゥ

名 パーセント、100分の1

副 百につき

The store offers a 10 **percent** discount on the dress.

お店はドレスを1割引で販売しています。

□ 1147

conservation

【kɑ̀nsə-véɪʃən】カンスヴェイシュン

名（資源などの）保存、維持、保護

Water **conservation** is an important issue.

水保全は重要な課題です。

□ 1148

awful

【ɔ́ːf(ə)l】オーゥフー

形 ひどい、恐ろしい、すさまじい

I had an **awful** day.

ひどい1日だったよ。

☐ 1149

surround

【səráʊnd】スゥアーゥンドゥ

動 ～を囲っている、～を囲む、～を手近に置く

She is **surrounded** by children.
彼女は子どもに囲まれています。

☐ 1150

resolve

【rɪzálv】ウイゾゥルヴ

動 決意する、解決する

This year, I **resolve** to stay safe.
今年は安全でいることを決意します。

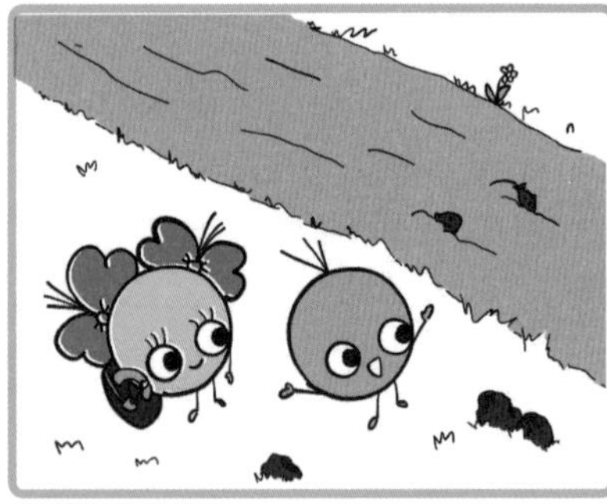

☐ 1151

flow

【flóʊ】フローゥ

動 流れる
名 流れ

The river **flows**.
川が流れます。

□ 1152

cruel

【krúːəl】クルーゥオル

形 残酷な、冷酷な、～を虐待して、悲惨な

That's so **cruel**!

なんて残酷な！

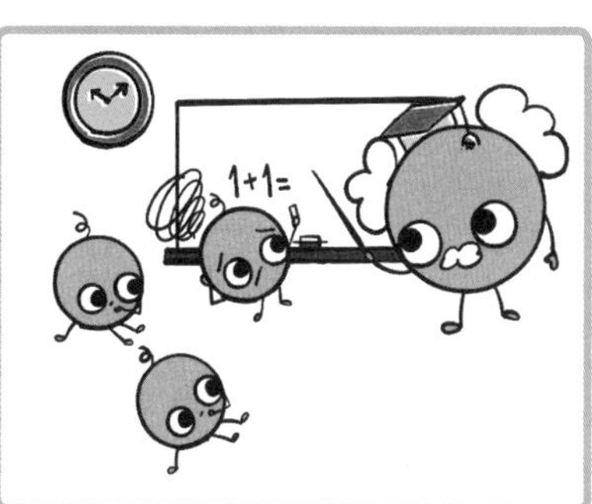

□ 1153

struggle

【strʌ́gl】スチュアグー

動 もがく、あがく、努力する、～に取り組む

He is **struggling** with math.

彼は算数に取り組んでいます。

□ 1154

consequence

【kánsɪkwèns】カーンスィクエンス

名 結果、成り行き、結論

That is the **consequence** of his action.

それは彼の行動の結果です。

□ 1155

alternative

【ɔːltə́ːnətɪv】アウル**トゥ**ーナティヴ

形 代わりの、どちらかを選ぶべき

名 代わり、選択肢

What's the **alternative** plan?

代案は何？

□ 1156

destination

【dèstənéɪʃən】デスティ**ネ**イシュン

名 目的地、行き先、到着地、（手紙や荷物の）届け先

Rome is our **destination.**

ローマは私たちの目的地です。

□ 1157

insist

【ɪnsíst】イン**スィ**ストゥ

動（反対されても）～を主張する、～を強要する、～と言い張る

He **insists** that he didn't do it.

彼はやっていないと言い張ります。

X会社
倒産

□ 1158

financial

【faɪnǽnʃəl】ファイナンショーゥ

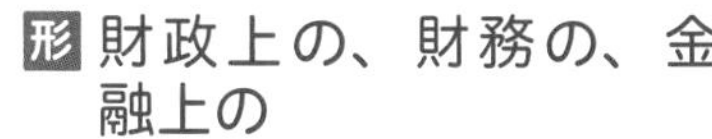

形 財政上の、財務の、金融上の

The company went bankrupt because of **financial** problems.

その会社は財務上の問題のため、倒産してしまいました。

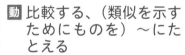

どっちのほうが
おいしいかなー

□ 1159

compare

【kəmpéɚ】クンペーゥ

動 比較する、（類似を示すためにものを）～にたとえる

She **compares** the taste.

彼女は味を比べます。

おーい!

□ 1160

shelf

【ʃélf】シェゥルフ

名 棚

The alien is on the **shelf**.

宇宙人は棚の上にいるよ。

☐ 1161
modest
【mɑ́dɪst】マーデストゥ
形 謙遜な、謙虚な、派手でない、質素な

He is so **modest**!
なんて謙虚な方なんだろう！

☐ 1162
intuition
【ìnt(j)uíʃən】イントゥイシュン
名 直感、直感的な行為、直感による知識

My **intuition** tells me I should go that way.
私の直感によるとあっちに行くべき。

☐ 1163
pour
【pɔ́ɚ】ポーゥア
動 注ぐ、流す、（雨が）激しく降る、殺到する

She **pours** too much tea.
彼女はお茶を注ぎすぎます。

□ 1164

conscious

【kánʃəs】カーンシュス

形 意識して、気づいて、意識があって

Call an ambulance! He's not **conscious**!

救急車を呼んで！　彼、意識不明です！

□ 1165

false

【fɔ́:ls】フォーゥルス

形 間違った、誤った、偽の、不正の

True or **false**?

合っている？　間違っている？

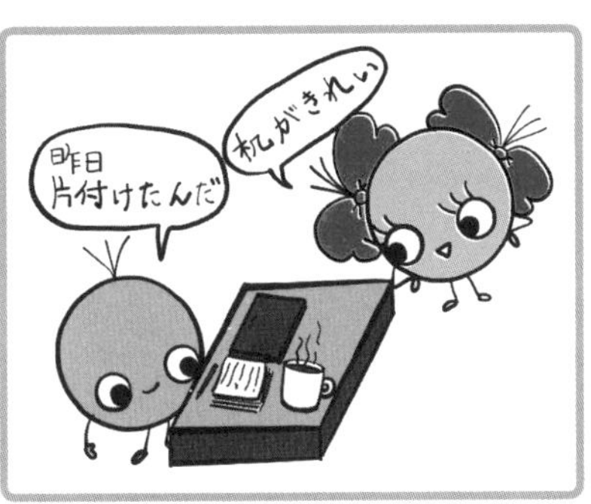

□ 1166

neat

【ní:t】ニートゥ

形 きちんとした、こぎれいな、手際のいい

Your desk is **neat**.

机がきちんとしているね。

STEP1 STEP2 STEP3

□ 1167

advertise

【ǽdvə-tàɪz】アーッドゥヴタイズ

動 広告する

He **advertises** his product.
彼は彼の製品を宣伝します。

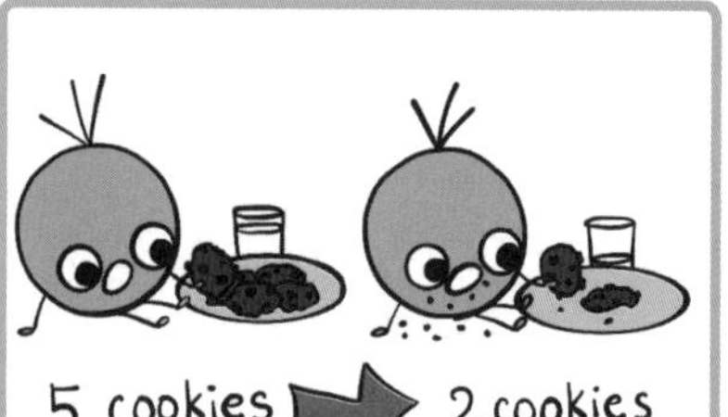

□ 1168

decrease

【dɪkríːs】ディクイース

動 減少する、低下する、衰える

The number of cookies **decreases.**
クッキーの数が減ります。

□ 1169

expose

【ɪkspóʊz】エックスポーゥズ

動 ～をさらす、～を暴露する

Flowers must be **exposed** to the sun.
花は太陽にさらされるべきです。

☐ 1170

mind

【máɪnd】マーインドゥ

動 いやがる、いやだと思う、注意する

名 心、精神、知性

Do you **mind** if I call you back?

後でかけなおしてもいい？

☐ 1171

complicated

【kámpləkèɪtɪd】カーンプリケイテッドゥ

形 複雑な、わかりにくい

This is too **complicated**!

これ、ややこしすぎ！

STEP1 STEP2 STEP3

□ 1172
from ～から
【frάm】フオンム

□ 1173
to ～まで
【tú:】トゥー

□ 1174
through ～を通って
【θrú:】トゥルー

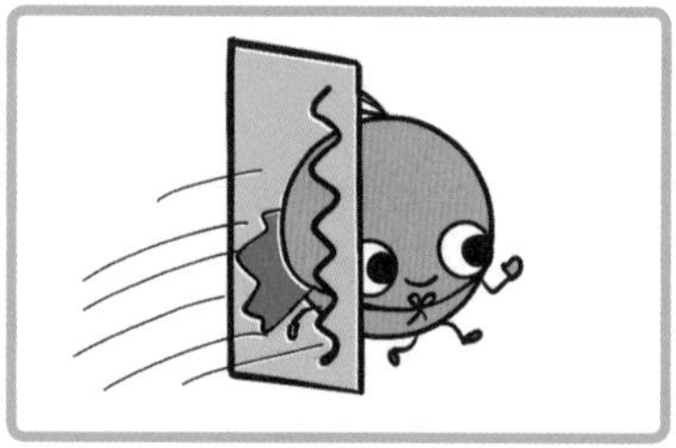

□ 1175
toward ～のほうへ
【t(w)ɔ́ɚd】トゥオードゥ

□ 1176
between ～の間に
【bətwí:n】ビトゥイーン

□ 1177
under ～の下に
【ʌ́ndɚ】アンドゥー

□ 1178　□ 1179

in / inside ～の空間内に

【íːn】イン　【ìnsáɪd】インサーイドゥ

□ 1180

on ～の表面に、～の上に

【ɔ́ːn】オン

□ 1181

over ～を超えて、～の上方に

【óʊvɚ】オゥヴー

□ 1182

up ～の上へ

【ʌ́p】アップ

□ 1183

down ～の下へ

【dáʊn】ダーゥン

□ 1184

at ～に、～で

【ǽt】アットゥ

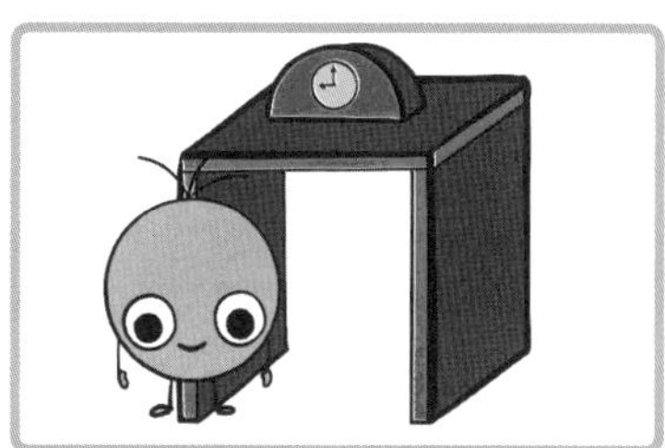

STEP1 STEP2 STEP3

☐ 1185

for ～のために、～に向かって

【fɔ́ɚ】**フォ**ーァ

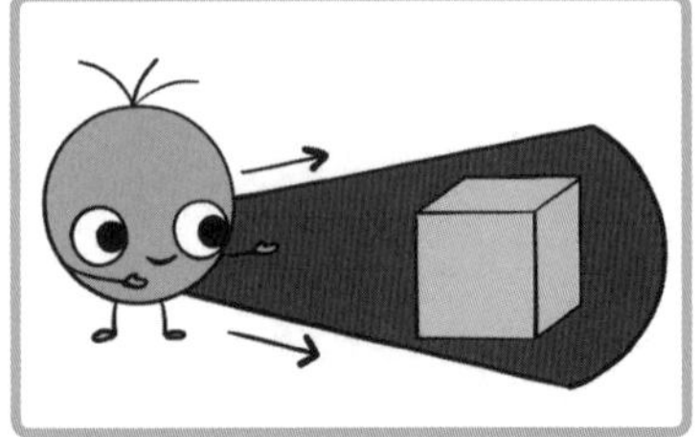

☐ 1186

below ～より下に

【bəlóʊ】ビ**ロ**ーゥ

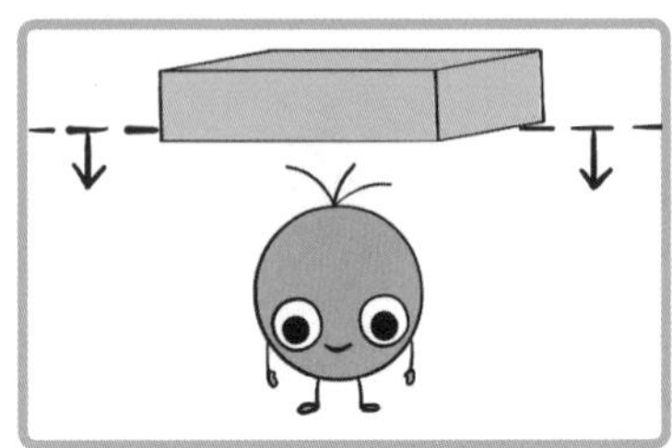

☐ 1187

against ～によりかかって

【əgéɪnst】アゲーインストゥ

☐ 1188

onto ～の上へ

【ántu】**オ**ントゥ

☐ 1189

opposite ～の反対側に

【ápəzɪt】**ア**ープズィットゥ

☐ 1190

near ～の近くに

【níɚ】**ニ**ーゥ

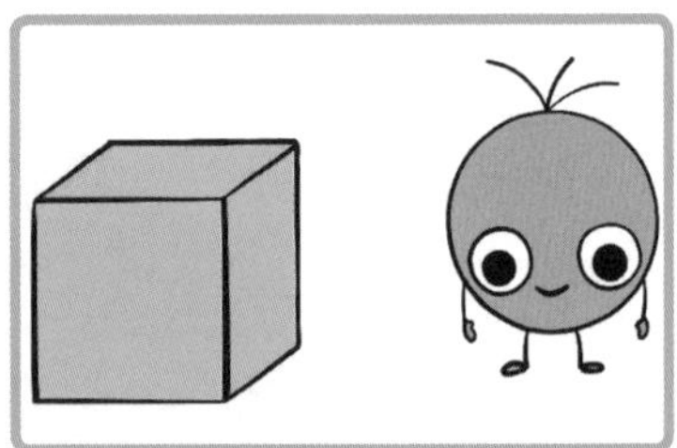

☐ 1191
into（外から）～の中に
【íntu】イントゥ

☐ 1192 ☐ 1193
by / beside ～のそばに
【báɪ】バイ 【bəsáɪd】ビサイドゥ

☐ 1194
behind ～の後ろに
【bəháɪnd】ビハインドゥ

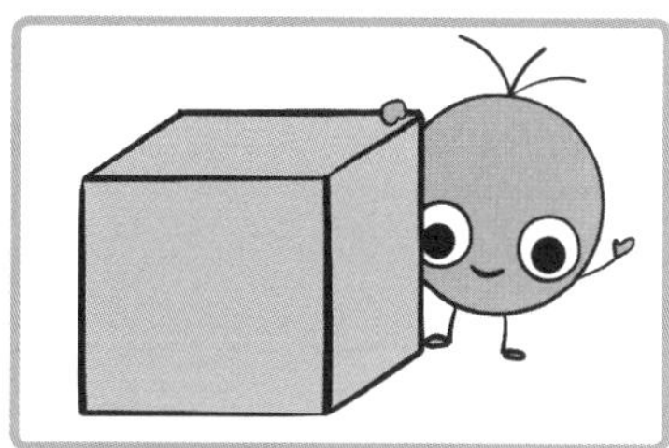

☐ 1195
off ～を離れて
【ɔ́ːf】オーッフ

☐ 1196
around ～の周りに
【əráʊnd】アウアウンドゥ

☐ 1197
across ～を横切って
【əkrɔ́ːs】アクオーッス

□ 1198

among ～に囲まれて

【əmʌ́ŋ】アマング

□ 1199

above ～より上に

【əbʌ́v】アバッヴ

□ 1200

along ～に沿って

【əlɔ́:ŋ】アローング

索引

a

d

e

i

j

k

O

P

q

r

S

t

u

【著者紹介】

甲斐　ナオミ（かい・なおみ）

◉――ネイティブスピーキングコンサルタント。翻訳家。

◉――カナダ生まれの日本人。幼少のころから、家庭では日本語、学校ではフランス語や英語、ドイツ語などさまざまな言語を覚える環境に身を置く。大学卒業までに6カ国語をマスターし、現在は英語、フランス語、日本語のトライリンガル。

◉――モントリオール大学英仏翻訳科大学院修士課程を修了後、28歳のときに日本に移住し、翻訳家としての活動を始める。現在は「世界まる見え！ テレビ特捜部」（日本テレビ）や「日立 世界ふしぎ発見！」（TBSテレビ）などに通訳で出演するほか、「ダーウィンが来た！」「ワイルドライフ」（ともにNHK）などの英語字幕・ナレーション翻訳を手掛ける。

◉――英会話のプライベートレッスンも行っており、クライアントにはエグゼクティブやベストセラー著者、企業トップなど著名人も多い。また、日本の子どもの英語環境を危惧して、子ども向けの英語レッスンも実施し人気となる。著書に『これだけ！ 接客英会話 丸覚えフレーズBOOK』（ナツメ社）、『ネイティブの“こども英語”で通じる英会話』（あさ出版）がある。

ながめて覚える英単語1200

2021年9月21日　第1刷発行
2023年3月1日　第2刷発行

著　者――甲斐　ナオミ
発行者――齊藤　龍男
発行所――株式会社かんき出版
東京都千代田区麹町4-1-4 西脇ビル　〒102-0083
電話　営業部：03(3262)8011㈹　編集部：03(3262)8012㈹
FAX　03(3234)4421　振替　00100-2-62304
https://kanki-pub.co.jp/

印刷所――ベクトル印刷株式会社

　ISBN978-4-7612-7568-6 C0082